JOHN STUART MILL

ELEMENTOS DE ECONOMÍA POLÍTICA

astria

ELEMENTOS DE ECONOMÍA POLÍTICA
John Stuart Mill
©Astria Ediciones
Diseño de portada: Andrea Rodríguez—Mariana Turcios
Supervisión Editorial: Óscar Flores López—Obed García
Administración: Tesla Rodas y Jessica Cordero
Director Ejecutivo: José Azcona Bocock

Primera edición
Tegucigalpa, Honduras—Julio de 2025

INTRODUCCIÓN: EXPOSICIÓN, EXTENSIÓN Y DIVISIÓN DE LA MATERIA.

La economía política para un Estado es equivalente a lo que la economía doméstica representa para una familia. Toda familia consume, pero no puede consumir sin antes producir. Así, los objetivos de la economía doméstica son dos: el consumo y el abastecimiento de la familia. Dado que el consumo puede ser potencialmente indefinido —no es posible poner límites al deseo de disfrutar— el interés principal es aumentar el abastecimiento.

Las cosas que la naturaleza produce en abundancia para el uso humano y que no requieren de la cooperación del trabajo, como el aire, la luz solar y el agua en ciertas regiones, no constituyen materia de la economía doméstica, precisamente porque no requieren estudio, trabajo o previsión. Por ello, toda la ciencia de un jefe de familia se reduce a equilibrar el abastecimiento y consumo de aquellas cosas que no puede obtener sin costo, o, dicho de otro modo, sin el trabajo humano, que es el precio primario de cada cosa.

Todo esto es aplicable a la economía política, cuyos dos grandes objetivos son el consumo de la sociedad y el abastecimiento necesario para satisfacerlo. Las cosas que la naturaleza ofrece generosamente, y que el ser humano puede obtener sin esfuerzo, no pertenecen a su dominio. En este sentido, no habría economía política, ni siquiera significaría algo, si todo lo que pudiera satisfacer deseos y caprichos fuera exclusivamente obra de la naturaleza. Porque, ¿qué ciencia se requiere para extender la mano, tomar una cosa y consumirla? Sin embargo, cuando el trabajo es necesario y no podemos obtener lo que deseamos sin una planificación previa, resulta crucial conocer los métodos para producir de forma óptima y abundante, y, una vez identificados, organizar estos métodos en un conjunto de reglas aplicadas inteligentemente al objetivo propuesto.

No parece que los autores que han escrito sobre economía política hayan limitado siempre sus investigaciones a estos principios, aunque resulta esencial depurar la ciencia de aspectos no completamente relevantes. Nos centraremos, por lo tanto, en investigar en esta obra las leyes que rigen la producción y el consumo de los bienes que requieren la cooperación y el trabajo humanos.

Aunque la ciencia de la economía política se divida en dos ramas principales, una relacionada con la producción y otra con el consumo, no cabe duda de que, antes de consumir los bienes, deben ser distribuidos; así surge una tercera rama intermedia entre producción y consumo: la distribución.

Una vez producidas y distribuidas las riquezas, nada puede ser más beneficioso tanto para la reproducción como para el consumo que el intercambio mutuo de estas riquezas o productos, lo cual requiere una nueva investigación preliminar en la economía política: el estudio de las leyes de la distribución.

Generalizando estas ideas, podemos decir que la ciencia económica abarca cuatro áreas de estudio:

1. Las leyes que gobiernan la producción de riqueza.
2. Las leyes de su distribución.
3. Las leyes de su intercambio mutuo.
4. Las leyes de su consumo.

CAPÍTULO I: DE LA PRODUCCIÓN

Antes que nada, estableceremos la distinción natural entre lo que produce el trabajo humano y lo que produce la naturaleza, distinción que ha sido, en gran medida, descuidada hasta ahora.

Nada produce el trabajo del ser humano sin el acuerdo y la cooperación de la naturaleza. La acción del hombre puede reducirse a elementos muy simples, ya que no puede hacer más que generar movimiento. Puede mover los objetos creados por la naturaleza, acercarlos o separarlos entre sí: son las propiedades de la materia las que hacen el resto. Toma en sus manos una mecha encendida y la mueve hacia el oído de un cañón; el efecto es la explosión. Confía una semilla a la tierra, y ahí comienza la vegetación; la separa de la tierra, y la vegetación cesa. Sin embargo, no sabe cómo ni por qué ocurren estos efectos. Solo sabe lo que la experiencia y la observación le han enseñado: que, realizando ciertos movimientos, se producen ciertos efectos. Así, es la materia la que produce estos efectos; el hombre solo coloca en una situación particular las cosas creadas por la naturaleza. El sastre que corta un traje y el agricultor que siembra una semilla realizan, esencialmente, la misma acción: movimientos; lo demás es obra de las propiedades de la materia. Sería absurdo intentar discernir en qué medida contribuyen las propiedades de la materia, porque una vez que el ser humano coloca las porciones de materia en una determinada posición, todas contribuyen al resultado.

La mayoría de los objetos deseados por el ser humano no son el resultado de una sola operación, sino de una serie de operaciones que requieren tiempo. Cierta cantidad de alimentos y otros bienes que el trabajador necesita durante ese tiempo son esenciales para que su labor continúe. Así, la producción no solo necesita trabajo, sino también los bienes necesarios para su continuidad.

A menudo, el trabajo se aplica a ciertas materias primas cuya obtención es costosa en mayor o menor medida. El fabricante de tejidos necesita lana; el carpintero, madera; el herrero, hierro, y así cada productor requiere la materia prima para su labor específica.

El trabajo también puede, en muchos casos, apoyarse de manera significativa en el uso de máquinas. El ser humano que excavaba la tierra con las manos o con un palo no era el mismo que luego usó una azada, y este último no es igual al hombre actual, que ara con un arado. El uso de herramientas y máquinas ha avanzado mucho más en las industrias que en las labores rurales. Es inmensa la diferencia entre el uso del huso y la rueca y las complejas y activas máquinas que hoy conocemos en las grandes fábricas.

Los alimentos y otros artículos consumidos por el trabajador, las materias primas que transforma y los instrumentos de todo tipo que utiliza para facilitar, acortar y mejorar su labor, constituyen lo que se denomina capital. Por lo tanto, la producción requiere absolutamente de dos elementos: trabajo y capital.

A menudo, quienes desean trabajar son pobres y carecen incluso de la cantidad de alimento necesario para sostenerse durante la serie de operaciones que implica terminar la obra en la que se ocupan; y es aún menos frecuente encontrar personas que posean las costosas máquinas que permiten producir en grandes cantidades las riquezas que la sociedad desea consumir.

De aquí surge que quienes participan en la producción pueden dividirse en dos clases: la de los obreros y la de los capitalistas. Los obreros aportan su trabajo, mientras que los capitalistas proveen los alimentos, las materias primas y los instrumentos de todo tipo, animados o inanimados, simples o complejos, que se emplean en la producción del bien deseado.

En el uso del trabajo y de las máquinas, notamos que sus efectos pueden aumentar mediante una adecuada distribución, es decir, separando las operaciones que tienden a contradecirse y reuniendo aquellas que, de algún modo, puedan auxiliarse mutuamente.

Como, en general, las personas no pueden realizar muchas operaciones distintas con la misma destreza y rapidez con que realizan un número reducido de ellas gracias a la práctica, es siempre ventajoso limitar, en lo posible, el número de tareas asignadas a cada individuo.

Para dividir el trabajo y distribuir las capacidades humanas y las de las máquinas de la manera más eficaz, es necesario, en muchos casos, operar a gran escala. En otras palabras, producir riquezas en grandes cantidades; y esta es la ventaja que da origen a las grandes manufacturas. Un pequeño número de ellas, ubicadas en sitios estratégicos, puede abastecer, en ocasiones, no solo a un país, sino a varios, de la cantidad deseada del producto que fabrican.

CAPITULO II: DE LA DISTRIBUCIÓN

Si, como hemos visto, el obrero y el capitalista contribuyen cada uno, desde su ámbito, a la producción, tanto uno como el otro deben recibir su parte en las riquezas producidas, o (lo que es lo mismo) en el beneficio que de ellas se obtiene. Cuando la tierra es uno de los instrumentos de la producción, entonces otra clase también viene a reclamar su parte: hablamos de los propietarios territoriales. Estas tres clases forman la totalidad de individuos que participan inmediatamente, es decir, quienes se reparten entre sí toda la masa de los productos anuales del país.

Identificados estos individuos, solo resta conocer las leyes de proporción conforme a las cuales se distribuye este beneficio. Empezaremos por explicar la parte correspondiente a los propietarios territoriales, porque es lo más sencillo y facilitará la explicación de las leyes que determinan la parte de los obreros y la de los capitalistas.

SECCIÓN I: DEL ALQUILER DE LAS TIERRAS O DE LA VENTA TERRITORIAL

La tierra tiene diferentes grados de fertilidad. Existe una categoría que puede considerarse absolutamente improductiva: tal es, por ejemplo, la que cubre las zonas elevadas y pedregosas de las montañas, los arenales móviles y ciertos pantanos. Entre esta tierra y la de la clase más productiva, existen todos los grados intermedios de fertilidad. Las más fértiles no producen con igual facilidad todo el rendimiento que pueden dar. Un terreno, por ejemplo, puede producir anualmente diez fanegas de trigo, veinte, e incluso treinta. Da, como máximo, las primeras diez fanegas mediante una cierta cantidad de trabajo; las siguientes diez requieren otra cantidad mayor de trabajo, y así sucesivamente, exigiendo cada nuevo lote gastos más altos que el lote anterior. Es bien sabido que esta es la ley conforme a la cual se emplea un capital para obtener un rendimiento cada vez mayor de una misma porción de tierra.

Hasta que se haya sometido al cultivo toda la tierra de la categoría más fértil y se haya empleado en ella una cierta cantidad de capital, todo lo que se destine a su cultivo producirá un rendimiento igual. Sin embargo, llegado a cierto punto, ninguna nueva porción de capital puede aplicarse a la misma tierra sin una disminución de productividad. Por lo tanto, en cualquier país, una vez que la tierra ha producido una cierta cantidad de trigo, no se puede obtener más cantidad sin incurrir en mayores gastos, de acuerdo con una proporción determinada. Si se logra una cantidad adicional, el capital empleado puede dividirse en dos partes, de las cuales una ha dado un rendimiento menor que la otra.

Cuando se utiliza para el cultivo la parte de capital que ha dado el rendimiento menor, puede emplearse de dos maneras: ya sea en una tierra de segundo grado de fertilidad que se cultiva por primera vez, o en una tierra de primer grado en la cual ya se ha empleado todo el capital que podía aplicarse sin una disminución de productividad.

La naturaleza y las características de los dos terrenos decidirán si conviene aplicar el capital a una tierra de segundo grado de fertilidad o como segunda porción en la de primer grado. Si el mismo capital, al aplicarse como segunda porción a la mejor tierra, solo produce ocho fanegas de trigo, pero produce nueve cuando se aplica a la de segundo grado de fertilidad, se aplicará a esta última, y viceversa.

Para facilitar la comprensión de nuestra idea, llamemos a las tierras del primer grado, segundo grado, tercer grado, etc., de fertilidad, tierras número uno, número dos, número tres; y asimismo llamemos a las diferentes porciones de capital aplicadas sucesivamente a la misma tierra, cada vez con un rendimiento menor, primera porción, segunda porción, tercera porción. Mientras que la tierra es improductiva, no merece la pena adquirirla. Mientras solo una parte de la mejor tierra requiere ser cultivada, toda la tierra sin cultivar no produce nada, es decir, nada de valor: esta última porción de tierra, por consiguiente, no tiene propietario o puede pertenecer a quien emprenda su cultivo. Durante este periodo, la tierra no paga, en rigor, ningún alquiler.

La diferencia entre una tierra que ya ha sido cultivada y otra que aún no ha sido despejada radica en que, en lugar de desmontar una tierra virgen, cualquier persona preferirá pagar anualmente, o de cualquier otro modo, el equivalente de los gastos de desmonte, pero nunca pagará más. Y este pago no será por la productividad del suelo, sino simplemente por el capital aplicado en él: no es, por lo tanto, un alquiler, sino un interés.

No obstante, llega inevitablemente el momento en que es necesario recurrir a una tierra de segunda calidad o aplicar una segunda porción de capital de manera menos productiva a una tierra de primera calidad.

Si yo cultivo una tierra de segunda calidad que, mediante una cierta porción de capital, produce solo ocho fanegas de trigo, mientras que la misma porción aplicada a una de primera calidad produce diez, cualquiera preferirá o bien pagarme el valor de dos fanegas para que le permita cultivar la de primera calidad, o cultivar la de segunda sin pagarme nada. Si acepta pagarme dos fanegas por el derecho a cultivar el suelo de primera calidad, este pago constituirá lo que se llama alquiler o renta territorial.

Supongamos también que, en lugar de cultivar una tierra de segunda calidad, me resultara más conveniente aplicar una segunda porción del capital a una tierra de primera calidad, y que, mientras que una primera porción de capital me produce diez **cuarteras** (medida de volumen agrícola), otra porción igual no me produjera más que ocho. Es evidente que, como en este caso, ya no le sería posible a nadie emplear una nueva porción de capital para obtener un producto tan grande como el de las diez cuarteras supuestas. Habrá muchos que aceptarán emplearlo para solo obtener el producto de ocho cuarteras. Si encontrara personas dispuestas, podría ceder mi tierra para extraer de ella todo lo que produzca sobre el producto de ocho cuarteras. El efecto sobre el alquiler sería el mismo en ambos casos.

Entonces, el alquiler o renta territorial aumenta en la misma proporción en que disminuye el rendimiento de cada capital sucesivamente aplicado a una tierra. Si la población creciera hasta el punto en que, cultivadas todas las tierras de segunda calidad, fuera necesario recurrir a las de tercera, y en vez de ocho cuarteras solo produjeran seis, es claro que, siguiendo el mismo razonamiento, la tierra de segunda calidad generaría una renta equivalente a dos cuarteras, y la tierra de primera, una renta mayor que la de estas dos cuarteras. El caso sería exactamente el mismo si, en vez de recurrir esta población a una tierra menos fértil, se aplicara una segunda y tercera porción de capital, con disminución de productos, a una tierra de primera calidad.

Aquí tenemos una expresión general del alquiler: aplicando capital a una tierra de distinto grado de fertilidad o en porciones sucesivas a la misma tierra, algunas partes de este capital producirán un rendimiento mayor que otras. Las que den el rendimiento menor siempre darán lo necesario para reembolsar y recompensar al capitalista, quien no recibirá más que esta justa remuneración por cualquier otra parte del capital que emplee, ya que lo impedirá la competencia de los demás poseedores de capitales. Por lo tanto, el propietario de la tierra podrá exigir todo lo que exceda esta remuneración. Así, el alquiler es la diferencia entre el producto que proporciona la parte de capital aplicada a una tierra con un menor rendimiento, y el que dan todas las demás partes del capital aplicadas con un mayor rendimiento.

Tomemos, por ejemplo, tres grados de producción en terrenos igualmente extensos, pero de calidades diferentes: de diez, ocho y seis cuarteras de trigo, y veremos que el alquiler es la diferencia entre seis y ocho cuarteras en relación con aquella parte de capital que no produce más que ocho; y la diferencia entre seis y diez cuarteras con respecto a la parte que produce diez. Si las tres partes de capital que dan, una diez, otra ocho y la última seis, se aplicaran a una misma tierra, su alquiler sería de cuatro cuarteras para la primera porción y de dos para la segunda, sumando en total seis cuarteras.

Si estas conclusiones se derivan de los principios establecidos, resultarán fecundas en verdades útiles, y la doctrina del alquiler será muy sencilla. La única objeción posible, y que ya se ha hecho, es la siguiente: "Desde que la tierra se convirtió en propiedad privada, cada porción debe producir una renta, pues no habrá propietario que permita su uso gratuitamente; así que incluso las tierras más estériles y áridas de las altas y escabrosas montañas de Escocia pagan una renta a sus dueños."

Cuando se plantea una objeción, esta ataca la doctrina que pretende refutar de manera importante o vaga e indeterminada. Si lo que se afirma en la objeción, incluso reconociéndolo hipotéticamente, deja la doctrina intacta en su esencia y en todos sus resultados prácticos, la objeción es errónea en la mente de quien la plantea, ya sea porque, al confundir las ideas, no percibe la insuficiencia de su ataque a la doctrina que niega; o porque rehúye la verdad que no desea aceptar, incluso cuando sabe que no tiene argumentos sólidos en su contra.

Lo que se argumenta en la objeción citada para fundamentarla y reforzarla, deja intacta la doctrina en todos sus resultados prácticos, incluso concediendo que lo alegado sea cierto. En efecto, el alquiler que pueden pagar las tierras estériles de las montañas de Escocia es algo insignificante, una cantidad infinitesimal y despreciable, incluso en los cálculos más precisos y minuciosos. Aunque supusiéramos —lo cual es mucho— veinte esterlinas por mil acres, es decir, cerca de un penny o una moneda esterlina por acre, esta suma sería una fracción tan imperceptible comparada con los costos de cultivo, que nunca podría cuestionar la doctrina establecida.

Para reforzar nuestro razonamiento, supongamos que la especie más baja de tierra cultivada pagase un penny por acre; en este caso, el alquiler sería la diferencia de los productos que resultasen de las diversas partes del capital, con la modificación de que sería necesario contar un penny por acre en la tierra menos fértil. Seguramente este alquiler mínimo no invalidaría una doctrina sólidamente establecida, aunque fuera necesario simplificar nuestro lenguaje para justificar una omisión.

Sin embargo, nuestra doctrina no requiere de este correctivo, ni siquiera para su precisión teórica. ¿Quién ignora que en Arabia Pétrea hay inmensos desiertos arenosos que no producen ni pagan nada, y que entre estas tierras y las más fértiles hay otras intermedias con distintas capacidades productivas? También existen tierras que, sin ser absolutamente incapaces de producir bienes útiles al ser humano, nunca podrían, aunque fueran cultivadas, generar lo suficiente para sostener a las manos laboriosas que su cultivo exige, y por lo tanto nunca se cultivarán. Hay otras cuyo producto anual bastaría justamente para cubrir los costos de su cultivo; estas se encuentran en condiciones de ser cultivadas, pero son claramente incapaces de pagar alquiler. La objeción es, entonces, no solo insignificante en la práctica, sino también superficial y despreciable, incluso desde un punto de vista teórico.

Puede afirmarse, sin temor a error, que no hay país de alguna extensión en el mundo en el que no se encuentren tierras incapaces de pagar alquiler, es decir, incapaces de producir, mediante el trabajo humano, más de lo que sería necesario para cubrir ese mismo trabajo. En nuestras montañas hay porciones de tierra en las que solo crecen musgos y arbustos espinosos. Así que, al afirmar que todas las tierras de las montañas de Escocia pagan una renta, se está malinterpretando la situación y desvirtuando la cuestión. Quiero aceptar que en toda Escocia no haya un solo terreno privado en el que no se pague alquiler; pero esto se debe a que incluso en las montañas más áridas y pedregosas se encuentran en los valles parcelas con un rendimiento significativo. Sin embargo, ¿se puede deducir que, porque hay algunas áreas productivas en cientos de acres montañosos e infértiles, todas las tierras montañosas pagan alquiler? Hay muchas que no lo pagan y que sería imposible que lo hicieran.

Incluso donde la tierra no es totalmente estéril y ofrece pasto a los animales más resistentes, como las cabras, no puede decirse que paga alquiler. No olvidemos que el ganado es una parte del capital y que es necesario que la tierra produzca lo suficiente para cubrir el interés de esta parte del capital y también remunerar a los pastores, una remuneración que, en muchos lugares, especialmente durante el invierno, requiere una inversión significativa. En resumen, si la tierra no generara lo suficiente para cubrir todos estos gastos y algo más, no podría pagar renta.

Es un hecho indudable que en gran parte de nuestro país no hay probablemente una sola finca o granja que abarque un amplio terreno, tanto en la llanura como en las colinas, que no contenga tierras más o menos fértiles, desde un alto o medio grado de fertilidad hasta el escalón más bajo en esta amplia y variada escala que no puede pagar alquiler. No afirmamos con autoridad ni pedimos que se acepte nuestro juicio personal; apelamos a la experiencia y conocimiento de quienes mejor entienden este tema, y si la situación y la autoridad de estas personas respetables respaldan nuestra afirmación, quedará demostrado de una vez por todas que la última clase de tierra cultivada no paga renta.

En las fincas y pastizales mencionados, el arrendatario acuerda, por una suma, el uso de las tierras con el propietario suma que debe calcularse basándose en el rendimiento de aquella clase de tierra que no solo genera un interés razonable por el capital invertido en su cultivo, sino también un excedente. Y dado que el motivo que lleva al arrendatario a cultivar la tierra se basa en el interés que espera obtener de su capital, si hubiera en toda la finca partes de tierra que apenas cubrieran el interés del capital, esta circunstancia sería suficiente para cultivarlas, aunque no generen excedente para pagar la renta. Es difícil negar que, entre las clases de tierra cuya fertilidad disminuye gradualmente, en un terreno lo suficientemente amplio, habrá áreas que presenten ese grado específico de fertilidad que justifique su cultivo.

Sin abordar directamente si todas las tierras pagan o no renta, podemos defender nuestra doctrina con pruebas claras y concluyentes. En efecto, hemos visto que el capital aplicado sucesivamente a una tierra con renta más alta no siempre produce los mismos resultados. La primera porción rinde más, y probablemente mucho más que el interés del capital; la segunda aún puede rendir más, y así sucesivamente. Si la renta estuviera exactamente calculada, sería igual a todo lo que producen las diversas partes del capital, además del interés. El agricultor emplea, como es justo, todas las partes del capital por las que ha acordado pagar una renta; pero después de estas, aparece otra parte del capital que, aunque no genere renta, puede cubrir las ganancias del capital. Estas ganancias son el incentivo del arrendatario para cultivarla. Por lo tanto, mientras que el capital aplicado al cultivo de sus tierras pueda generar los beneficios comunes, el arrendatario empleará, si puede, algunas porciones adicionales de capital. Concluyamos, entonces, afirmando que, en el estado natural de las cosas, incluso en un país agrícola, siempre hay una parte del capital aplicado al cultivo de la tierra que no puede pagar renta. "Entonces, el alquiler consiste enteramente en lo que producen las demás partes del capital, además del beneficio que deben rendir."

SECCIÓN II: DE LOS SALARIOS

La producción es el resultado del trabajo, pero este recibe del capital las materias primas que transforma y las máquinas que le ayudan; o, dicho con precisión, todas estas cosas forman parte del mismo capital.

En ocasiones, el trabajador es dueño de todo el capital necesario para la naturaleza y alcance de sus actividades. El zapatero y el sastre, por ejemplo, a veces poseen tanto las herramientas con las que trabajan como el cuero y la tela sobre los que producen sus artículos; y en ese caso, todo el producto les pertenece.

Sin embargo, en general, el trabajador y el capitalista son personas distintas, especialmente en los países más desarrollados. El trabajador no posee ni las materias primas ni las herramientas; en cambio, recibe estos elementos del capitalista, quien hace estas inversiones con la fundada esperanza de obtener una recompensa. Así como el producto del zapatero o del sastre les pertenecía cuando eran dueños de las materias primas y las herramientas, y obtenían tanto el pago del trabajo como el beneficio del capital, de la misma manera ahora el producto o su valor se repartirá entre el trabajador, por su labor, y el capitalista, por sus inversiones. El producto debe cubrir sus respectivas compensaciones o indemnizaciones, y estas dos remuneraciones combinadas deben ser iguales al valor total del producto.

La parte correspondiente al trabajador debe pagarse de antemano, porque, aunque es cierto que no se le debería pagar hasta que el producto esté terminado y su valor realizado, su situación precaria y muchas veces desfavorable no le permite esperar hasta ese momento, que a veces es incierto y lejano. La forma en que recibe su compensación se llama salario; y una vez que lo recibe bajo esta modalidad, todo el producto pasa a pertenecer exclusivamente al capitalista, quien, de hecho, ha comprado la parte del trabajador al pagarle de manera anticipada.

I. EL PRECIO DE LOS SALARIOS DEPENDE DE LA RELACIÓN ENTRE LA POBLACIÓN Y EL TRABAJO DISPONIBLE, O, DICHO DE FORMA MÁS CLARA, ENTRE LA POBLACIÓN Y LOS CAPITALES

Ahora llegamos a la cuestión de qué determina la parte del trabajador, o en qué proporción se distribuyen los productos o su valor entre él y el capitalista. Sea cual sea la parte del trabajador, esta determina el precio de los salarios, y, de manera recíproca, el precio de los salarios establece la parte de los productos o de su valor que corresponde al trabajador.

Es indiscutible que la determinación de las partes entre el trabajador y el capitalista se basa en un acuerdo entre ambos; y, al ser un acuerdo, no es difícil comprender el origen de sus condiciones. Todo acuerdo libre está regulado por la competencia; y sus condiciones varían en la misma proporción que lo hacen la oferta y la demanda.

Supongamos que hay un número determinado de capitalistas que poseen cierta cantidad de alimentos, materias primas y herramientas o máquinas, y que también hay un número determinado de trabajadores, por lo que se ha establecido una proporción para la distribución de los productos entre estas dos clases de productores.

Ahora, supongamos que el número de trabajadores se incrementa en un 50 %, sin que aumente la cantidad de capital disponible. Las cosas necesarias para sostener el trabajo, es decir, los alimentos, las herramientas y las materias primas, serán las mismas que antes; pero ahora, en lugar de cien trabajadores, habrá ciento cincuenta. En este caso, cincuenta personas estarán en riesgo de no encontrar empleo, y su única opción será ofrecerse a sustituir a los trabajadores actuales, ofreciendo su trabajo por una retribución menor. En este escenario, el precio de los salarios disminuirá inevitablemente.

Supongamos, por el contrario, que aumentan los capitalistas sin que crezca el número de trabajadores; el efecto será opuesto. Los capitalistas disponen de más recursos para poner a trabajar, es decir, de un capital adicional del cual desean obtener un beneficio. Para ello, necesitarán contratar a más trabajadores, pero, al estar estos ya empleados por otros, la única forma de atraerlos será ofreciéndoles salarios más altos. Los capitalistas bajo cuya supervisión ya trabajan los empleados actuales se verán obligados a hacer ofertas iguales o mejores para retenerlos. Esta competencia inevitable entre capitalistas aumentará los salarios.

En consecuencia, si la población aumenta y los capitales no, los salarios bajarán; y si, al contrario, los capitales aumentan y la población no, los salarios subirán. Si capital y población crecen a la vez, pero no en la misma proporción, el efecto será como si solo una de estas variables hubiera aumentado. Supongamos, por ejemplo, que la población se incrementa en un octavo y los capitales en la misma proporción; el efecto será como si ambos factores permanecieran constantes. Pero, si la población crece en dos octavos y los capitales solo en uno, el efecto sobre el precio de los salarios será el mismo que si los capitales no hubieran aumentado y la población hubiese crecido en un solo octavo.

Podemos entonces establecer, en términos generales, los siguientes principios: primero, el precio de los salarios se mantendrá si la relación entre la población y los capitales permanece constante. Segundo, los salarios aumentarán cuando la proporción de los capitales respecto a la población se incremente. Tercero, los salarios disminuirán cuando la proporción de la población respecto a los capitales aumente.

Entendidos estos principios, es fácil identificar las circunstancias que determinan, en cada país, la condición de la mayoría de la población. Si su situación es estable y próspera, bastará con mantener el crecimiento de los capitales a la par con el de la población, o evitar que la población crezca más rápido que los capitales. Si la situación no es favorable, solo se logrará mejorarla acelerando el crecimiento de los capitales o frenando el de la población; es decir, aumentando la proporción de los medios de trabajo respecto al número de personas.

Si los capitales tienden a crecer naturalmente más rápido que la población, no habría dificultad en mantener la prosperidad de los pueblos; en cambio, si la población tiene una tendencia natural a crecer más rápido que el capital, la dificultad será grande y casi insuperable, pues los salarios tenderán a disminuir continuamente y la población será cada día más pobre y vulnerable, aumentando la mortalidad como resultado de la miseria y la falta de recursos.

¿Cómo se pueden criar muchos hijos si no hay suficientes recursos para su subsistencia y cuidado? Cualquiera que sea la tasa a la que la población tiende a aumentar más rápido que los capitales, los individuos existentes disminuirían en proporción a esa tasa, y de esta manera se restablecería el equilibrio entre el crecimiento de los capitales y el de la población, deteniendo así la caída de los salarios.

No hay duda de que la población tiende a crecer más rápido que los capitales en la mayoría de los países, y esto lo demuestra claramente la condición de la población en casi todas partes del mundo. En la mayoría de los países, la situación de la gran mayoría de la gente es precaria, y no sería así si los capitales crecieran más rápido que la población, ya que esta abundancia de recursos aumentaría los salarios y colocaría al trabajador en una posición muy superior a sus necesidades básicas.

La pobreza generalizada de la humanidad es un hecho que solo puede explicarse de dos formas: o bien la población tiende a crecer más rápido que los capitales, o bien se han puesto obstáculos que impiden a los capitales crecer a su ritmo natural. Estas dos hipótesis proporcionan una base importante para futuras investigaciones de gran relevancia.

II. PRUEBA DE LA TENDENCIA DE LA POBLACIÓN A CRECER RÁPIDAMENTE

La tendencia natural de la población a aumentar está respaldada por dos tipos de hechos: los que se refieren a la constitución fisiológica de la mujer y los que muestran las tablas de población publicadas en varios países.

Los hechos relativos a la constitución fisiológica de la mujer son tan indiscutibles que pueden considerarse como una base sólida para esta doctrina. Las tablas de población, que presentan datos de nacimientos y muertes en diferentes países, pueden ser aproximaciones, cuya correspondencia con la realidad puede ser dudosa, o bien, exposiciones de hechos que no necesariamente prueban algo relacionado con el tema en cuestión.

No se puede negar que el grado de crecimiento de la especie humana depende en gran medida de la constitución de la mujer. En este sentido, tanto los hechos confirmados como las observaciones adicionales de fisiología y anatomía comparada entre algunas especies animales y la humana coinciden en lo esencial.

Las hembras de animales con tiempos de gestación y períodos de vida comparables a los de la mujer, y que no suelen dar a luz más de una cría por vez, pueden, en circunstancias favorables, tener descendencia cada año, desde que inician su capacidad reproductiva hasta que esta cesa. Esto incluye, por ejemplo, un año intermedio sin embarazo, lo cual tiene poco impacto en el cálculo general.

El amamantamiento prolongado, que sobrepasa los tres meses, puede retrasar la siguiente concepción más de un año; esta es, sin duda, la única particularidad fisiológica que distingue a la mujer de otras hembras animales en cuanto a la frecuencia de nacimientos.

Considerando estos aspectos, y siendo muy conservadores, podríamos suponer que, de manera natural, la mujer podría tener un hijo cada dos años. En condiciones ideales, el período fértil de una mujer europea, según nuestras observaciones, comienza alrededor de los 16 o 17 años y concluye hacia los 45 años. No obstante, si limitamos el rango a los 20 y 40 años y asumimos un hijo cada dos años, podría tener hasta 10 hijos.

La mortalidad en circunstancias favorables es baja, aunque puede ser considerable entre los hijos de familias muy pobres que carecen de recursos básicos para el sustento. En cambio, en familias de medios suficientes, donde se practican hábitos de buena higiene y se adoptan métodos para optimizar el cuidado y alimentación, la tasa de mortalidad infantil es mucho menor.

Así, en condiciones óptimas, la media de hijos que una mujer podría criar sería cinco, siempre y cuando pueda proporcionarles todos los recursos necesarios y mantener una salud adecuada. Dado este potencial reproductivo, la población podría duplicarse en pocos años, algo evidente a simple vista.

Para cuestionar esta conclusión, se ha recurrido a tablas de población que muestran nacimientos y muertes en diversos países. Sin embargo, estos datos son insuficientes para responder la pregunta central, ya que no reflejan las causas reales del aumento o estancamiento poblacional.

Es sabido que, en gran parte del mundo, la población es estacionaria o casi estacionaria. Este hecho, sin embargo, no niega que la especie humana tiene un gran potencial para crecer. Dos factores pueden frenar este crecimiento: la pobreza extrema, que lleva a una alta mortalidad infantil, y la prudencia en la formación de matrimonios, además de la planificación para limitar el número de hijos.

Por tanto, el conocimiento sobre si la población crece o disminuye en ciertos países resulta incompleto sin saber cuáles son las causas específicas de estas variaciones y hasta qué punto factores como la pobreza o decisiones prudentes para limitar la familia afectan el crecimiento poblacional.

Así, al afirmar que la población tiene una tendencia natural a duplicarse en un corto tiempo, basamos esta afirmación en pruebas sólidas, y hasta el momento no se ha presentado ninguna refutación que merezca cuestionarla.

III. PRUEBA DE QUE LOS CAPITALES NO TIENEN LA MISMA TENDENCIA A AUMENTAR TAN RÁPIDAMENTE COMO LA POBLACIÓN

Consideremos ahora la tendencia de los capitales a aumentar. Si los capitales crecieran al mismo ritmo que la población, cada nuevo obrero tendría los medios necesarios para alimentarse y emplearse, sin disminuir el bienestar de la gran mayoría del pueblo.

Sin embargo, quien entienda cómo se acumulan los capitales difícilmente sostendría que estos crecen tan rápido. Todo incremento de capital proviene de los ahorros, y esta verdad es tan evidente que no necesita demostración. Todo capital es, por naturaleza, el resultado de la producción, ya que es una porción del producto anual de la tierra y el trabajo que se acumula gradualmente. Para que esta porción se economice y pueda ser empleada como capital, es necesario que su dueño se prive de consumirla, pues lo que se consume desaparece y no puede ya transformarse en capital.

Es cierto que, donde las propiedades están protegidas, los seres humanos tienen cierta predisposición a economizar, suficiente para generar un crecimiento de los capitales cuando el gobierno no promueve el consumo excesivo y las dificultades para la reproducción no son muy grandes. Aun así, esta disposición ha sido tradicionalmente débil en la mayoría de las situaciones en que los humanos se han encontrado, lo que hace que el progreso de los capitales sea lento.

La distribución del producto anual sigue dos patrones: o bien la mayoría del pueblo dispone de lo necesario para vivir cómodamente, y entonces solo una pequeña parte del producto anual aumenta las rentas de las personas más ricas; o bien la mayoría de la población apenas cuenta con lo necesario, dejando a un grupo reducido con ingresos considerables. Toda sociedad se encuentra en algún punto entre estos extremos.

Cuando la clase más numerosa apenas tiene lo necesario, le resulta imposible ahorrar; y la clase rica, rodeada de pobreza, tampoco tiene una gran disposición a economizar. La posesión de una gran fortuna suele fomentar el deseo de satisfacer placeres inmediatos, y es poco probable que quien ya disfruta de riqueza considere necesario privarse de placeres actuales para acumular más. En este estado de la sociedad, es casi imposible que el capital aumente rápidamente.

En una sociedad en la que una parte considerable del producto anual se distribuye entre la mayoría, tanto la clase trabajadora como la clase ociosa tienen pocos motivos para ahorrar. Cuando alguien posee todo lo necesario para una vida cómoda y agradable —alimento, vestido, hogar—, ya tiene acceso a los placeres más reales de la vida humana. Los placeres adicionales son pocos y poco intensos en comparación. La experiencia de las leyes humanas no sugiere que una parte significativa de la población, rodeada de tentaciones de placeres inmediatos, renuncie a ellos únicamente para acumular recursos para el futuro.

Existen dos tipos de personas: aquellos en quienes la voz de la razón es fuerte, capaces de resistir un placer inmediato para lograr otro mayor en el futuro, y aquellos cuya razón es tan débil que apenas pueden resistirse al atractivo de un disfrute instantáneo. Estos últimos tienden poco a ahorrar.

Para quienes la razón es lo suficientemente firme como para tener una idea clara de los placeres, resulta evidente que lo que podrían obtener acumulando no compensa los placeres a los que renuncian. Así, no encuentran motivo suficiente para acumular. El amor al descanso, que es uno de los impulsos más poderosos, se opone a la acumulación; si una persona decide prescindir de ciertos bienes útiles o agradables que podría obtener con su trabajo, también podría, en la misma proporción, decidir no trabajar y disfrutar del ocio.

En cuanto a la influencia que otorga la posesión de riquezas sobre la opinión de los demás, es inútil detenerse en ello, ya que lo que puedan facilitar sus ahorros a un trabajador no cambia realmente la situación ni presenta una perspectiva tan atractiva como para actuar como un incentivo poderoso.

El producto anual, después de descontar la parte destinada a la clase trabajadora, se distribuye ya sea en grandes porciones entre unos pocos muy ricos o en pequeñas porciones entre un gran número de personas con fortunas medianas.

Analizados los factores que pueden impulsar la acumulación donde existen grandes fortunas, y viendo que rara vez tiene grandes efectos, corresponde examinar qué razones podrían fomentar la acumulación en una sociedad con muchas fortunas medianas y ninguna considerable. En términos de placeres materiales, las fortunas medianas proporcionan casi lo mismo que las grandes fortunas. En este estado, solo pueden existir dos razones que contrapesen la inclinación natural hacia los goces inmediatos: el placer de influir sobre las opiniones de los demás y el deseo de asegurar el bienestar de los hijos.

En este tipo de sociedad, existen dos clases de personas: quienes disfrutan de una fortuna independiente del trabajo manual, aunque moderada, y los trabajadores y artesanos bien pagados. Aquellos con una fortuna suficiente para garantizar su independencia, facilitarles todos los placeres materiales e incluso permitirles cierto refinamiento y elegancia, son quienes generalmente marcan el estilo, el buen tono, las opiniones y los entretenimientos en la sociedad. No suelen ser personas impresionadas por el brillo de las grandes riquezas, sino, al contrario, personas tranquilas, maduras y reflexivas, que valoran a las personas por su verdadero valor y menosprecian lo superficial.

Los individuos de la clase trabajadora, en cambio, suelen ser menos apreciados, especialmente donde el favor de los ricos es fundamental. Sin embargo, cuando alcanzan una situación estable, adquieren un sentido de independencia y desarrollan su propia razón, dejando de verse impresionados por el esplendor de una opulencia insultante. En este tipo de sociedad, no existen motivos poderosos para acumular, ya que la posesión de grandes riquezas apenas influye en las opiniones de los demás.

Respecto al deseo de asegurar el bienestar de los hijos, quien no aspira a una gran fortuna para sí mismo probablemente tampoco lo hará para sus descendientes. Deseará para ellos el mismo nivel de vida que él ha alcanzado y procurará darles las oportunidades que tuvo o que habría deseado tener al comenzar su vida. Fuera de este objetivo, el deseo de garantizar las necesidades de los hijos es tan general que apenas puede influir en el aumento de capitales. Sin embargo, esta sería la situación más favorable para la acumulación, excepto en el caso excepcional de que una persona ya civilizada y conocedora se trasladara a un país poco habitado o sin habitar, donde pudiera explotar libremente una tierra fértil y virgen.

Estos casos son tan extraordinarios y raros que, aunque los mencionamos al estudiar las leyes generales de la sociedad, lo hacemos solo para dejar constancia de que no los hemos olvidado.

Estos son los efectos apenas perceptibles que podemos esperar de los factores que impulsan la acumulación; pero este no es el único fundamento, aunque sólido, para demostrar que la población tiende a crecer más rápido que los capitales. Esta tendencia, ya sea grande o pequeña, es constante; de modo que, si su tasa de crecimiento aumenta en un décimo en un período, lo hará igualmente en el siguiente si las condiciones son las mismas. Con el capital ocurre lo contrario: cuanto más crece, más difícil es su incremento, hasta llegar al punto en que se vuelve físicamente imposible aumentarlo, una conclusión evidente, ya que deriva de la ley que aplicamos a la agricultura.

En efecto, si tras haber explotado las tierras de mejor calidad se invierte en tierras de calidad inferior o se reinvierte en las de mejor calidad con menores rendimientos, los rendimientos totales disminuirán cada vez que se añada una nueva porción de capital. A medida que baja el interés del capital, también disminuye el fondo anual de donde provienen los ahorros, y la dificultad de ahorrar crece hasta hacer imposible el ahorro.

Así, parece demostrado que la población crece naturalmente a un ritmo más acelerado que los capitales. No importa para nuestro análisis conocer la naturaleza de este proceso o la intensidad de su crecimiento, porque, aunque el aumento de la población sea lento, si el de los capitales es aún más lento, los salarios caerán constantemente hasta que la población adicional muera de hambre y miseria. Esta desgracia solo puede evitarse si se encuentran formas de garantizar que el crecimiento de los capitales no se quede atrás respecto al de la población.

IV. LOS MEDIOS QUE SE PODRÍAN EMPLEAR PARA ACELERAR EL CRECIMIENTO DE CAPITALES, MÁS ALLÁ DE SU TENDENCIA NATURAL, RARA VEZ RESULTAN EFECTIVOS

Solo existen dos formas artificiales para que el crecimiento de capitales mantenga el ritmo de la población: reducir la tendencia al crecimiento de esta última o acelerar el movimiento de los capitales. Sin embargo, el legislador solo puede influir en las acciones humanas mediante castigos y recompensas; ni unos ni otros pueden detener la inclinación natural de la humanidad a crecer y multiplicarse. Imaginemos una ley que impusiera una sanción a los padres de un niño si carecen de recursos para criarlo; ¿acaso no sería el remedio peor que la enfermedad? ¿No solo serviría para castigar a una familia inocente? Además, ¿quién podría definir de forma inequívoca, como sería necesario para aplicar la ley, ¿cuáles son los recursos suficientes para criar uno, dos, tres o más hijos? Resultaría aún más complicado determinar las recompensas para quienes decidieran no tener hijos de una manera que realmente influya en el crecimiento de la población.

A veces, la legislación logra buenos resultados mediante una influencia indirecta sobre las acciones humanas, logrando que las personas obtengan lo que desean sin causar daño, o redirigiendo el deseo hacia objetivos inofensivos. Cualquier legislación que busque aumentar la población de forma artificial, ya sea directa o indirectamente, debería ser corregida eficazmente para evitar efectos negativos.

En este aspecto, la influencia de la sanción popular sería de gran utilidad. Sería ideal que la censura pública recayera sobre quienes, al formar familias numerosas sin los medios adecuados, caen en la pobreza y la desesperación; y que, por el contrario, aquellos que evitan la miseria mediante la prudencia y la previsión recibieran la aprobación pública. El objetivo fundamental es asegurar que las personas disfruten de la dicha que ofrece la vida familiar sin generar un crecimiento poblacional excesivamente rápido, para lo cual los avances en legislación, la educación popular y una sólida formación podrían cumplir un papel conciliador.

Además de moderar el crecimiento poblacional, la legislación también puede acelerar el crecimiento de capitales, ya sea de manera directa o indirecta. Si el legislador logra influir en los gustos nacionales, podría promover la frugalidad y desalentar el derroche y la ostentación. Mediante la subdivisión de propiedades, que fomenta el ahorro, podría motivarse cierta acumulación de capitales, aunque, como hemos visto, los incentivos para ahorrar seguirían siendo limitados en estos casos. En algunos países se aplican leyes suntuarias para fomentar el ahorro; sin embargo, tales leyes son difíciles de implementar con eficacia sin una intervención excesiva en la vida privada de los ciudadanos.

Otro camino que podría tomar la legislación para estimular la acumulación de capitales es tomar una porción del producto neto anual mediante una moderada imposición sobre las rentas y convertirla en capital. Pero surge la pregunta: ¿cómo debería utilizarse? y ¿cuáles serían sus efectos?

Este capital podría prestarse a personas emprendedoras o ser gestionado por el gobierno. La opción más sencilla sería prestarlo a empresarios y capitalistas que lo soliciten y puedan garantizar su devolución. El interés generado en el primer año se convertiría en capital para el segundo, formando un interés compuesto que, con el tiempo, duplicaría el capital siempre que la tasa de interés fuera razonablemente alta. Si los salarios comenzaran a descender, podría aumentarse la contribución sobre las rentas; si, por el contrario, subieran más de lo necesario para ofrecer una vida digna a los trabajadores, esta contribución podría reducirse. Sin embargo, cuestionarnos si un sistema capaz de producir estos efectos es viable o no es inútil; existen otras consideraciones más importantes para evaluar la utilidad de esta idea.

Según el modelo que proponemos, la población debería aumentar rápidamente; por lo tanto, la necesidad de aplicar capitales a tierras cada vez menos fértiles o a las mismas tierras en porciones sucesivas y de menor rendimiento también aumentaría.

A medida que el rendimiento de los capitales disminuye, se reducirán las rentas de los capitalistas hasta el punto en que sus ingresos apenas sean suficientes para subsistir. Este sería el destino final del plan propuesto, incluso si fuera viable; aunque resta saber en qué momento estos efectos serían deseables.

Supongamos que los salarios permanecen estables. Todo aquel que no viva de su trabajo deberá vivir del interés de un capital o del alquiler de una propiedad; en este estado de cosas, los capitalistas y trabajadores se empobrecerían, mientras que los propietarios de tierras verían aumentar su renta. Como resultado, la mayor parte de la sociedad estaría en una posición precaria, y las tierras pasarían continuamente de manos o se dividirían en parcelas demasiado pequeñas, llevando a sus propietarios a condiciones de vida igual de miserables que las de un obrero.

Cuando el producto anual baja significativamente debido a una situación extraordinaria, como una mala cosecha, y una porción importante de la población depende de rentas, podrían realizarse ciertos ahorros para mitigar los efectos de este déficit. En la clase trabajadora, en cambio, cualquier disminución del producto anual sería una calamidad que afectaría gravemente a un pueblo dependiente del trabajo físico.

El gran beneficio de una clase de personas con independencia económica y libertad de tiempo es que pueden dedicarse al desarrollo de las ciencias, las artes y la educación, desempeñando funciones importantes en la sociedad. Estos individuos suelen ser los responsables de legislar, juzgar, enseñar y liderar en la creación de conocimientos. Una sociedad en la que el crecimiento de la población no supera al de los capitales puede garantizar una clase media amplia y productiva, base de la civilización y el progreso.

Especialmente corresponde a aquellos que, por su posición en la sociedad, deben investigar los medios más adecuados para hacer que las personas alcancen la mayor felicidad posible en la tierra. Ello implica examinar a aquellos individuos a quienes les ha correspondido el mayor grado de dicha. Y ¿acaso no son aquellos que, libres de inquietudes y preocupaciones respecto a los medios para vivir con dignidad, evitan los excesos y vicios que muchas veces acompañan a las grandes fortunas? En otras palabras, aquellos que gozan de una fortuna media, a quienes la sociedad generalmente debe su civilización y avance.

Estas personas, al ser dueñas de su tiempo y no depender de trabajos mecánicos ni de ninguna autoridad en particular, se dedican plenamente al estudio y la reflexión, alcanzando el máximo nivel de satisfacción posible. ¡Ojalá esta clase de personas tan útiles y honorables fuera más numerosa! Sin embargo, para lograrlo es fundamental que el crecimiento poblacional, impulsado por una acumulación de capital acelerada e irreal, no llegue a un punto en que el interés sobre el capital invertido en tierras se vuelva apenas perceptible. ¿Cómo podría una gran parte de la sociedad disfrutar de los beneficios del trabajo intelectual si los intereses del capital no fuesen altos?

Siempre existe una cierta proporción de la población que parece estar fijada irrevocablemente, tanto por las relaciones sociales como por los mecanismos que aumentan la productividad del trabajo. Cuando se alcanza este nivel, recogiendo los beneficios correspondientes, no es deseable un crecimiento poblacional desmesurado, ya que en lugar de incrementar la renta neta de la tierra y del trabajo (es decir, el excedente anual necesario para reponer el capital utilizado y sostener a los trabajadores), esta disminución del fondo de abundancia afecta considerablemente a la felicidad social.

Por tanto, no es deseable una situación en la que el crecimiento poblacional reduzca a toda la comunidad o a la mayor parte de ella a condiciones semejantes a las de los trabajadores asalariados, por altos que fueran sus salarios. Las pruebas que demuestran que esta situación no favorece la felicidad humana, también señalan que el estado anterior a esta tampoco lo hace. Independientemente de los daños inherentes a una situación en la que las rentas de todos, excepto las de los propietarios territoriales, se igualan a los salarios, estos daños serán casi los mismos en la etapa previa.

Ahora bien, ¿qué ocurre tras alcanzar el punto en que las rentas de todos, menos las de unos pocos, se nivelan con los salarios más altos? Esta es la tercera y última cuestión de nuestras reflexiones. Si un impuesto sobre las rentas acumulara capitales a una velocidad excesiva, el efecto inmediato sería reducir las rentas de los capitalistas, generando así todos los males de la pobreza. Si esta acumulación forzada de capitales se dejara a su suerte, la población tendría que reducirse o crecer más rápidamente que los capitales. Si no fuera así, bajarían los salarios, y toda la carga de la pobreza recaería sobre la clase obrera.

Aunque este análisis ha sido extenso, hemos aprendido que no es posible garantizar la felicidad de la humanidad mediante métodos artificiales que busquen que el capital crezca al mismo ritmo que la población. Por otro lado, también hemos visto que un número de nacimientos superior al necesario para mantener una población acorde con el nivel de capitales altera la felicidad pública. El verdadero problema práctico es encontrar el mejor medio para limitar el número de nacimientos.

También cabe considerar el caso en que el propio gobierno emplee los capitales generados artificialmente en lugar de prestarlos. Es evidente que, ya sea que el gobierno utilice estos capitales o los preste a terceros, los efectos de un aumento excesivo de capitales serán los mismos. Quizá el mejor medio para emplear una parte del producto anual que el gobierno tome de los particulares, con el fin de aumentar el capital nacional, sea el que el señor Owen de New-Lanark propuso con tanto entusiasmo: destinarlo a la creación de establecimientos de naturaleza mixta, tanto agrícolas como industriales, dotándolos de edificios, herramientas, alimentos y materias primas necesarias. El señor Owen sostiene que el trabajo en estas grandes y bien planificadas manufacturas sería una fuente inagotable de abundancia y felicidad para sus participantes.

No obstante, antes de avanzar en esta propuesta, Owen debería suponer una de dos cosas: o bien que la población se mantendrá estable, o que aumentará. Si la primera opción es cierta, y si el capital crece al mismo ritmo que la población, los efectos negativos de una acumulación forzada de capitales, cuando el gobierno los presta, serían los mismos en el caso de que se emplearan en tales establecimientos. Si Owen cree que la población no aumentará y que puede limitarse efectivamente el número de nacimientos, no sería necesaria la creación de dichos establecimientos, ni tampoco la apropiación de una parte de las rentas de los ciudadanos. La limitación de nacimientos, al elevar los salarios, logrará todo lo que deseamos sin intervención gubernamental.

SECCIÓN III: DE LAS GANANCIAS DEL CAPITAL

El total del producto anual se distribuye en alquileres de tierras, salarios del trabajo y beneficios del capital. Al definir las porciones que deben deducirse para alquileres y salarios, se resuelve también la parte de las ganancias del capital, pues lo restante corresponde a esta última categoría.

En cuanto al alquiler, este es ajeno a las compensaciones relacionadas con la producción del capital y el trabajo. Si es necesario aplicar capital a tierras de menor calidad o con un rendimiento más bajo, cualquier excedente en la producción adicionalmente generado resulta irrelevante para el capitalista y el obrero. Este exceso de producción podría eliminarse sin afectar las porciones que corresponden a estas dos partes. Cuando se necesita una mayor cantidad de capital para una menor producción, es como si las capacidades productivas se redujeran en general, sin distinguir entre las tierras o las porciones de capital.

La parte de la producción que corresponde al propietario, excedente a la compensación justa del capital y trabajo aplicados, es efectivamente un resultado circunstancial. Si toda la tierra cultivada en el país fuese de la misma calidad, excepto una parcela que rinda seis veces más, el producto adicional sería un resultado fortuito, y no parte de la compensación al trabajo y capital empleados. Este principio se mantiene incluso si se extiende a más tierras, cada vez que las condiciones obligan a reducir el rendimiento esperado de una porción del capital.

Por lo tanto, el verdadero producto del capital y el trabajo se mide por lo que se obtiene en tierras sin pagar alquiler. Este producto neto, tras descontar el alquiler, es lo que se distribuye entre obrero y capitalista. Así, en el análisis de los salarios y las ganancias, el alquiler puede considerarse una consecuencia y no una causa de la reducción del producto disponible para los capitalistas y trabajadores.

Cuando se debe dividir algo entre dos personas, es evidente que lo que determina la parte de una afecta también la de la otra: lo que se le quita a una, lo recibe la otra, y viceversa. De modo que podríamos decir que los salarios determinan las ganancias, o que las ganancias determinan los salarios, según se elija tomar uno u otro como referencia.

Sin embargo, hemos visto que la proporción entre la parte del capitalista y la del trabajador depende de la relación entre la población y la cantidad de capital. Como la población tiende a crecer más rápido que el capital, este aumento ejerce una presión sobre los salarios, lo que justifica considerar el estado de la población y el nivel de salarios como el factor regulador.

Así, las ganancias del capital dependen de la parte que reciben sus propietarios del producto generado juntamente con el trabajo. En consecuencia, las ganancias tienden a disminuir cuando los salarios aumentan, y viceversa.

No obstante, las ganancias no dependen solo de la parte que el capitalista recibe, sino también del valor total del dividendo. Las ganancias se determinan tanto por la porción del producto combinada que corresponde al capitalista como por la cantidad total de ese producto.

Para entender mejor este concepto, es importante aclarar el uso de la palabra "ganancias". Puede referirse tanto a la cantidad de bienes recibidos (por ejemplo, quintales de grano o metros de tela) como a su valor relativo. Usamos "ganancias" en este último sentido cuando hablamos de porcentajes. Por ejemplo, si decimos que las ganancias son del diez por ciento, indicamos que el valor de la parte que recibe el capitalista representa una décima parte del valor de todos los bienes empleados como capital en la producción.

Si usamos la palabra "ganancias" para referirnos simplemente a una cantidad de productos, está claro que la misma cantidad de recursos y herramientas utilizadas como capital producirá más trigo (u otro producto) cuanto mayor sea el total de la producción. En este sentido, las ganancias dependen de dos factores: la cantidad de productos (una vez deducido el alquiler) y el nivel de los salarios. Pero si entendemos "ganancias" en su sentido común como una relación de valores, entonces dependen por completo del precio de los salarios.

Cuando la misma cantidad de trabajo y capital se usa para producir dos bienes distintos, estos pueden intercambiarse entre sí, lo que significa que su valor de intercambio es equivalente. Esto se debe a que ambos productos requieren el mismo esfuerzo y capital para su producción. Así, el valor de un producto está determinado por la cantidad de capital y trabajo necesarios para crearlo.

Si, por algún avance, la misma cantidad de trabajo y capital puede producir el doble de una mercancía, ese doble tendrá el mismo valor que la cantidad original; el valor de cada unidad de producto se reduce a la mitad. Del mismo modo, si la misma cantidad de trabajo y capital genera menos producto que antes, el valor de este menor rendimiento se mantendrá tan alto como el del rendimiento original.

Por lo tanto, si el valor total de lo que se reparte entre salarios y ganancias permanece constante, es claro que el valor de las ganancias de capital depende de la porción que corresponde a los salarios. El nivel de las ganancias, es decir, la relación entre lo que recibe el capitalista y el capital invertido, depende por completo del nivel de los salarios.

Cuando disminuyen las ganancias del capital en la agricultura debido a la necesidad de cultivar tierras menos fértiles o de aplicar capital adicional a las mismas tierras, también disminuyen las ganancias del capital en manufactura y otras industrias. La caída en las ganancias de la agricultura es inevitable, pero esta tiende a nivelar las ganancias en otros sectores. Nadie invertiría en agricultura si pudiera obtener mejores rendimientos en otra área. Por lo tanto, todas las ganancias, sin importar el sector, tienden a ajustarse a las de la agricultura.

Veamos cómo ocurre este ajuste. Cuando surge una mayor demanda de trigo, pero no puede producirse sin cultivar tierras de menor calidad o aplicando más capital en las tierras actuales con menores ganancias, los agricultores dudan en usar su capital de manera menos rentable. Esto provoca un aumento en el precio del trigo, ya que la oferta no aumenta proporcionalmente. Con el incremento en el valor del trigo, los agricultores pueden obtener ganancias similares a otros capitalistas, aunque produzcan menos.

Como resultado, no solo se estabilizan las ganancias de los agricultores, sino que las ganancias en otros sectores también se reducen al nivel de las agrícolas. El aumento en el precio del trigo encarece el costo de vida, lo que incrementa el costo de la mano de obra, ya que los trabajadores necesitan consumir ciertos bienes esenciales, sin importar su precio. Aunque su consumo no varíe, sus salarios deben ajustarse al alza para compensar el aumento en los costos, lo que se percibe como un aumento en sus salarios, aunque no en su poder adquisitivo real.

Debido al aumento en los costos de producción y al valor del trigo, todos los capitalistas deben aumentar los salarios de sus trabajadores, lo que reduce sus ganancias. El arrendatario también se ve obligado a pagar más a sus trabajadores, de modo que, al repartir el producto generado por el trabajo y el capital que emplea, debe destinar una mayor parte a los salarios, lo que reduce sus ganancias en la misma proporción que las de otros capitalistas.

El valor de sus productos ha aumentado, aunque solo lo suficiente para compensar la pérdida de productividad que ha experimentado. La cantidad de productos generados por su capital ha disminuido, mientras que la cantidad producida por otros capitalistas no ha cambiado. El valor de sus productos sube lo necesario para compensar esta menor producción, que es específica para él, pero la reducción en ganancias debida al aumento de los salarios es común a todos los capitalistas. No hay un aumento en el valor que compense este incremento en los costos. Así, a medida que crece la población y se requiere aplicar capital a tierras cada vez menos fértiles, las ganancias de estos capitales disminuyen de forma gradual.

CAPÍTULO III: DEL INTERCAMBIO

SECCIÓN I: DEL TIPO DE BENEFICIO QUE SURGE DEL INTERCAMBIO DE PRODUCTOS Y DE LOS PRINCIPALES AGENTES INVOLUCRADOS

Imaginemos que dos personas tienen más de lo que necesitan: una tiene alimentos y la otra, tela. Si el primero desea más tela y el segundo necesita más alimentos, ambos se beneficiarían intercambiando una parte de lo que poseen. Esto es aplicable a cualquier otro caso.

Para realizar estos intercambios, hay dos tipos de actores muy útiles: los transportistas y los comerciantes. A medida que la división del trabajo se amplía, los productos, ya sean de primera necesidad o de lujo, suelen producirse lejos de los lugares donde se consumen, por lo que es necesario transportarlos de un lugar a otro. El transporte puede hacerse por tierra o por agua y requiere tanto trabajo como capital. El transporte terrestre necesita vehículos, animales de tiro y su mantenimiento, además de personal para conducirlos. En el transporte acuático, el capital se invierte en embarcaciones y en el sustento de la tripulación.

Para adquirir diversos productos, sería muy incómodo tener que ir a cada fabricante, que a menudo se encuentra a gran distancia. Por eso, los consumidores se benefician cuando estos productos se concentran en un solo lugar. Así nace la clase de comerciantes, que compran a los fabricantes y mantienen disponibles los productos para los consumidores.

En áreas pequeñas, donde algunos comerciantes, o incluso uno solo, pueden cubrir las necesidades de la población, una tienda o almacén suele ofrecer la mayoría de los productos requeridos. En zonas más pobladas, en lugar de muchas tiendas que vendan de todo, es más conveniente dividir los productos en categorías. Así, en una tienda se venden sombreros, en otra guantes y medias, en otra cristalería, y en otra, herramientas de hierro.

SECCIÓN II: SOBRE QUÉ DETERMINA EL VALOR DE INTERCAMBIO DE LOS PRODUCTOS: CUÁNTO DEBE INTERCAMBIARSE DE UN PRODUCTO POR OTRO

Al intercambiar cantidades de dos productos —como cierta cantidad de tela por trigo— existen factores que llevan a las partes a aceptar el cambio en esas proporciones. Este es el principio básico de la oferta y la demanda. Si hay mucha cantidad de trigo y poca de tela en el mercado, se dará más trigo por menos tela. En cambio, si aumenta la cantidad de tela sin cambios en el trigo, entonces se requerirá menos trigo para obtener la misma cantidad de tela.

Pero esto no es toda la explicación, ya que la proporción entre oferta y demanda también tiene sus propias causas. La demanda impulsa la oferta: si la demanda de un artículo crece, su producción tiende a crecer también, en la medida que sea posible. Si la demanda cesa, entonces se suspende su producción.

Este proceso es claro al observar los costos de producción y transporte. Imaginemos que al mercado solo llegan dos productos, trigo y tela, y que ambos tienen costos específicos.

Si los costos de llevar trigo y tela al mercado son iguales, no habría razón para cambiar la cantidad que se ofrece de cada uno, ya que el productor de uno de estos productos no obtendrá una ventaja al cambiar de industria. Sin embargo, si los costos no son iguales, esto afectará la proporción entre las cantidades de trigo y tela en el mercado. Por ejemplo, si transportar el trigo cuesta más que transportar la tela, los vendedores de tela obtendrán trigo con menor costo que los agricultores al traerlo al mercado.

Este desequilibrio incentivará a reducir la oferta de trigo y aumentar la de tela. Los productores de trigo verán que es más rentable producir tela que seguir cultivando trigo, por lo que invertirán su trabajo y capital en la producción de tela. Cuando los beneficios de producir cualquiera de los productos se igualen —es decir, cuando los costos de producción de ambos productos sean equivalentes— ya no habrá motivo para cambiar las proporciones de tela y trigo en el mercado. En ese momento, producir tela o trigo dará el mismo beneficio porque los costos de producción habrán alcanzado un equilibrio.

Es evidente que el valor relativo de los productos —es decir, la cantidad de un producto que se intercambia por cierta cantidad de otro— depende, primero, de la oferta y la demanda, y segundo, de los costos de producción. Así, el valor de intercambio de un producto está en última instancia regulado por sus costos de producción. Aunque variaciones en la oferta y la demanda puedan aumentar o reducir temporalmente el valor de un producto, en un mercado sin restricciones, la competencia tiende a llevarlo de nuevo a un nivel acorde a esos costos.

Los costos de producción son el factor que regula el valor de intercambio de los productos. Sin embargo, la idea de "costos de producción" puede ser confusa, ya que incluye dos componentes principales: el trabajo y el capital. Los trabajadores aportan trabajo, y quienes proporcionan herramientas y materiales aportan el capital.

A primera vista, se podría pensar que los costos de producción consisten solo en el capital, ya que el capitalista paga los salarios, adquiere los materiales, y espera recuperar su inversión con los beneficios obtenidos. Sin embargo, al considerar el capital en este sentido amplio, se genera una ambigüedad: al incluir el costo del trabajo como parte del capital, se estaría mezclando los dos componentes.

En realidad, cuando el capitalista emplea trabajadores y les paga un salario, adquiere el derecho sobre la producción, haciendo que el producto final le pertenezca por completo. En este caso, el capitalista es propietario tanto del capital como del trabajo involucrado en la producción. Si se incluye el salario en el concepto de "capital", se estaría hablando del trabajo y el capital juntos, no de capital en sentido estricto. Decir que solo el "capital" regula el valor de intercambio de los productos no es correcto, pues el trabajo también juega un papel fundamental.

Si el trabajo fuera el único factor de producción y no hubiera necesidad de capital, el producto de un día de trabajo en cualquier artículo se intercambiaría por el producto de un día de trabajo en otro artículo. En una sociedad simple, por ejemplo, si un cazador y un pescador quisieran intercambiar alimentos, la cantidad que cada uno lograra en un día determinaría el intercambio. Sin embargo, si uno obtuviera menos que el otro, podría decidir cambiar de ocupación para equilibrar su ventaja relativa.

Al comparar diferentes tipos de trabajo, es importante tener en cuenta los distintos grados de esfuerzo y habilidad que requieren. Si los productos de dos días de trabajo, con igual esfuerzo y destreza, pueden intercambiarse entre sí, entonces el producto de un día de un trabajo que exija más esfuerzo o mayor habilidad debería intercambiarse por algo de mayor valor.

Todo capital, en realidad, está hecho de productos. Por ejemplo, el capital de un agricultor no es el dinero que podría obtener, ya que el dinero en sí no contribuye directamente a la producción; su capital está en sus construcciones, herramientas y ganado.

Dado que el capital consiste en productos, se deduce que el primer capital provino únicamente del trabajo, ya que los primeros productos no pudieron haberse obtenido con ayuda de otros que aún no existían. Si el primer capital fue el resultado de trabajo puro, su valor, es decir, la cantidad de otros productos con los que podría intercambiarse debió haberse calculado en función del trabajo. Esto nos lleva a la conclusión de que, si el trabajo fuera el único recurso de producción, el valor de intercambio de los productos estaría determinado por el esfuerzo de trabajo que requirieron.

Siguiendo este razonamiento, el esfuerzo de trabajo necesario para crear los productos es lo que finalmente determina su valor. Como el primer capital fue resultado del trabajo, su valor está directamente relacionado con este. Aunque el capital participa en la producción y parece determinar el valor de los productos, en realidad, el valor del capital está definido por el trabajo necesario para producirlo. Por lo tanto, decir que el valor del capital determina el valor de los productos es, en última instancia, afirmar que el trabajo determina el valor de los productos.

Así, no solo el valor del primer capital depende del trabajo, sino también el de los productos derivados de la inversión de ese capital. Cuando el segundo capital surge de la inversión del primero, también se valora por la cantidad de trabajo, y lo mismo se aplica al capital en todos sus niveles posteriores. Este proceso demuestra que el trabajo, en cada etapa, determina el valor del capital y, en consecuencia, el valor de todos los productos.

Afirmar que el valor de los productos depende del capital como regulador absoluto es un error evidente, ya que el capital en sí está compuesto de productos. Decir que el valor de los productos depende del capital, y a su vez que el capital depende del valor de los productos, es una idea circular y no explica nada en realidad. En definitiva, es la cantidad de trabajo la que determina el valor de intercambio de los productos.

SECCIÓN III: EL EFECTO DE LAS VARIACIONES EN LOS SALARIOS Y GANANCIAS SOBRE EL VALOR DE INTERCAMBIO

Cuando decimos que los productos se obtienen usando dos factores, el trabajo y el capital, donde el capital es en realidad resultado de trabajo anterior, estamos diciendo que los productos se logran mediante dos tipos de trabajo distintos. Uno, llamado trabajo inmediato, es el que el trabajador realiza en el momento; el otro, trabajo acumulado, es el trabajo pasado que contribuye como herramienta o materia prima. Estos dos tipos de trabajo no siempre tienen el mismo valor en el mercado, es decir, el precio de uno puede subir o bajar sin que el otro experimente el mismo cambio; además, cada uno contribuye en diferente medida a la producción de distintos artículos.

Si hubiera dos tipos de trabajo cuyos precios no cambiaran en proporciones iguales, y si estos contribuyeran en cantidades distintas a la producción de diferentes artículos, una variación en los salarios podría alterar el valor de intercambio de los productos. Por ejemplo, imaginemos que todos los artículos se producen usando una mezcla de trabajo calificado y trabajo físico. Si los salarios del trabajo calificado subieran mientras que los del trabajo físico bajaran el doble de rápido, los artículos que requieren más trabajo físico aumentarían su valor en relación con aquellos que requieren menos de este tipo de trabajo.

Aunque estas variaciones en los salarios de los diferentes tipos de trabajo puedan alterar el valor relativo de los productos, no contradicen la idea de que, en última instancia, el valor de intercambio depende de la cantidad de trabajo invertido.

Ahora, si pensamos en el trabajo inmediato y el trabajo acumulado como los dos tipos de trabajo aplicados en proporciones diferentes para producir distintos bienes, existen tres escenarios que ilustran cómo el trabajo y el capital contribuyen a la producción. A estos los llamaremos los dos extremos y el término medio. En el primer caso extremo, los productos se obtienen solo con trabajo inmediato, sin necesidad de capital. En el segundo caso extremo, los productos se logran exclusivamente con capital, sin trabajo inmediato. En el caso intermedio, los productos se obtienen usando mitad capital y mitad trabajo inmediato. Aunque en la práctica rara vez los productos encajan perfectamente en estos extremos, podemos aproximarnos a ellos y comprender así los casos más simples para aplicar luego estos principios a situaciones más complejas.

Si los precios de los dos tipos de trabajo cambian de manera opuesta (es decir, sube uno mientras baja el otro), el producto que depende más del trabajo cuyo precio sube aumentará su valor en relación con el que requiere menos de este tipo de trabajo. Sin embargo, la magnitud de este aumento dependerá de dos factores: primero, de cuánto disminuya el precio de un tipo de trabajo cuando el del otro sube, y segundo, de la proporción de este trabajo en la producción del artículo en cuestión, en comparación con su uso en otros artículos.

La primera pregunta que plantear aquí es: ¿en qué proporción disminuyen las ganancias cuando aumentan los salarios? Esta es, de hecho, la única pregunta relevante, ya que la proporción en la que las dos formas de trabajo contribuyen a la producción de distintos artículos depende de las circunstancias específicas de cada caso. Si todos los artículos pertenecieran al primer caso que hemos descrito anteriormente, y que llamaremos 1°, 2° y 3° para simplificar; o, dicho de otro modo, si todo se produjera solo con trabajo y el capital solo se destinara a pagar salarios, las ganancias bajarían exactamente en la misma proporción en la que subieran los salarios.

Supongamos que un capital de mil pesos está invertido de esta manera y genera un diez por ciento de ganancia. En este caso, el valor de los productos sería de mil cien pesos, lo que reintegraría el capital más sus ganancias. Aquí, los productos se dividen en mil cien partes iguales, de las cuales mil van para los trabajadores y cien para el capitalista. Ahora, si los salarios suben un cinco por ciento, el capitalista recibiría solo cincuenta partes en lugar de cien; sus ganancias, en lugar de ser del diez por ciento, serían del cinco por ciento, pues tendría que pagar mil cincuenta en salarios en lugar de mil. El valor de los productos no aumentaría para compensarlo, ya que asumimos que todos los artículos se producen en las mismas condiciones, así que el valor total seguiría siendo mil cien pesos, de los cuales al capitalista le quedarían cincuenta.

Si todos los artículos estuvieran en el segundo caso, las ganancias solo caerían a la mitad de la proporción en que suben los salarios. Supongamos que se invierten mil pesos en salarios y otros mil en capital fijo, generando como antes un diez por ciento de ganancia sobre el total de gastos; en este caso, el valor de los productos sería de mil doscientos pesos. Los productos se dividirían en mil doscientas partes, de las cuales doscientas corresponderían al capitalista. Si los salarios subieran un cinco por ciento, el capitalista tendría que pagar mil cincuenta en salarios, quedándole ciento cincuenta de ganancia, es decir, una reducción del dos y medio por ciento en sus ganancias.

Lo mismo ocurriría si los mil pesos no destinados a salarios se distribuyeran en proporciones para capital en giro, usado durante el ciclo productivo y luego recuperado. Por ejemplo, junto con mil pesos para salarios, podrían usarse quinientos en máquinas de larga duración y otros quinientos en materias primas y otros costos. Con esta distribución, el valor de los productos sería mil setecientos, cubriendo el capital y generando un diez por ciento de ganancia sobre el total. De estas mil setecientas partes, mil serían para los trabajadores y setecientas para el capitalista, de las cuales doscientas representan la ganancia. Si los salarios subieran un cinco por ciento, la parte de los trabajadores sería de mil cincuenta, dejando al capitalista con seiscientas cincuenta, y de esas, ciento cincuenta como ganancia, con una reducción del dos y medio por ciento en sus beneficios.

Si todos los artículos pertenecieran al tercer caso, en el que no hay salarios que pagar, una subida de salarios no afectaría las ganancias. Cuanto más se acerque la producción a esta situación extrema, menos impacto tendrá un aumento salarial sobre la proporción de ganancias.

Dado que en la realidad los casos extremos y el intermedio se presentan con frecuencia, es probable que las ganancias bajen aproximadamente a la mitad de lo que suban los salarios debido a una compensación natural entre los distintos factores en juego.

Estas variaciones se pueden observar de la siguiente manera: cuando suben los salarios y bajan las ganancias, es evidente que los artículos que se producen con menos trabajo y más capital bajarán de valor en comparación con aquellos que requieren más trabajo. Por ejemplo, si tomamos como referencia el caso número 1, donde todos los artículos son producidos solo con trabajo, podemos decir que los productos en este caso mantendrán su valor, mientras que los que se encuentran en otros casos bajarán de valor. Si usamos como referencia el caso número 2, o el punto intermedio, los artículos de este caso permanecerán en el mismo valor, mientras que los que tienden hacia el primer extremo (más trabajo) aumentarán su valor, y los que se acercan al último extremo (más capital) disminuirán.

Los capitalistas que producen artículos en el caso número 1 deben asumir un gasto adicional del cinco por ciento, pero intercambian sus productos por otros. Si los intercambian por artículos en el caso número 2, donde el gasto adicional fue solo del dos y medio por ciento, recibirán un aumento de dos y medio por ciento en dichos artículos. De este modo, al obtener artículos producidos bajo las condiciones del caso número 2, reciben cierta compensación, y la subida de salarios solo afecta sus ganancias con una disminución del dos y medio por ciento. Sin embargo, este intercambio tiene el efecto contrario para los capitalistas que producen artículos en el caso número 2, quienes ya soportaron un aumento de gastos del dos y medio por ciento, pero reciben en trueque artículos del caso número 1.

En resumen, todos los productores que, ya sea por producción o intercambio, se convierten en propietarios de artículos producidos en el caso número 2, experimentan una pérdida del dos y medio por ciento; aquellos que poseen artículos producidos en situaciones que se acercan al primer extremo soportan una pérdida mayor, mientras que los que poseen artículos del último extremo experimentan una pérdida menor. Finalmente, si el número de casos en cada extremo es igual, la pérdida en general será del dos y medio por ciento sobre el total, lo que establece el máximo de reducción en las ganancias que puede asumirse en la práctica.

Con base en estos principios, podemos calcular el impacto de una subida de salarios sobre el precio de diferentes productos. Usualmente se comparan con el valor de la moneda o los metales preciosos. Si asumimos que la moneda se encuentra en el caso número 2, es decir, producida por igual proporción de trabajo y capital (lo que no dista mucho de la realidad), los artículos producidos en estas circunstancias no cambiarán de valor con una subida de salarios. Los artículos que se acercan al primer extremo, donde se invierte más trabajo que capital, aumentarán de precio; aquellos que se aproximan al último extremo, producidos con más capital que trabajo, bajarán. En última instancia, habrá una compensación general en la que no se observará ni alza ni baja significativa en los precios generales.

SECCIÓN IV: ¿CUÁNDO ES BENEFICIOSO PARA LOS PAÍSES INTERCAMBIAR PRODUCTOS?

Ya vimos que una distribución inteligente del trabajo es una de las razones que impulsan el intercambio de productos entre naciones. Nadie querría limitarse a producir un solo bien necesario para el bienestar humano, a menos que ese bien le permita obtener todos los demás a través del comercio.

Otra razón clave para el intercambio es que algunos productos solo pueden producirse en ciertos lugares. Los minerales, el carbón y otros recursos importantes son propios de ciertas regiones; lo mismo ocurre con cultivos específicos que requieren climas o suelos particulares. Además, aunque algunos productos no están restringidos a lugares específicos, producirlos resulta más fácil y económico en ciertas áreas. Por ejemplo, los productos que necesitan mucho combustible son más económicos de producir en regiones con abundante carbón; los que requieren fuerza motriz, en áreas con cascadas; y los que exigen más trabajo manual, en lugares donde el costo de vida, y por tanto el costo laboral, es más bajo.

Además de estos motivos evidentes, hay otro que necesita mayor explicación. Si dos países pueden producir dos productos, como trigo y telas, pero con diferentes niveles de facilidad, cada país obtendrá ventaja si se especializa en el producto que puede fabricar con mayor eficiencia y lo intercambia por el otro. Incluso si un país tiene una ventaja en la producción de ambos productos, puede encontrar beneficios en especializarse en uno de ellos, especialmente cuando otro país tiene más facilidades para producir el otro.

Cuando hablamos de "facilidades" en la producción, nos referimos a la capacidad de obtener el mismo resultado con menos trabajo. Esta conclusión sigue siendo válida, aunque el costo del trabajo varíe. Supongamos que Polonia puede producir trigo y telas con menos trabajo que Inglaterra; esto no implica necesariamente que Polonia no tenga interés en importar uno de estos productos desde Inglaterra. Lo que importa no es el costo absoluto, sino la diferencia en la facilidad relativa de producción de cada bien en cada país.

Imaginemos que Polonia puede producir la misma cantidad de trigo y telas con 100 días de trabajo cada uno, mientras que en Inglaterra ambos productos requieren 150 días de trabajo. En este caso, Polonia no tendría ningún incentivo para importar cualquiera de estos artículos desde Inglaterra. Pero, si la cantidad de telas que toma 100 días de trabajo en Polonia toma 150 días en Inglaterra, mientras que el trigo que toma 100 días en Polonia requiere 200 días en Inglaterra, entonces Polonia sí tendría interés en importar trigo desde Inglaterra.

La razón es que Inglaterra podría intercambiar sus telas (que le toman 150 días de trabajo) por trigo de Polonia que cuesta solo 100 días de trabajo en ese país, lo que equivale a obtener el mismo trigo que Inglaterra produciría en 200 días de trabajo. Así, Inglaterra logra obtener trigo con menos esfuerzo al producir telas y comerciarlas.

Del mismo modo, Polonia también gana en este intercambio. Si el trigo que en Polonia cuesta 100 días de trabajo se puede intercambiar en Inglaterra por el equivalente de 200 días de trabajo, entonces Polonia está obteniendo un beneficio en forma de bienes por los que en su país se requerirían solo 150 días de trabajo. En resumen, Polonia gana 50 días de trabajo, o un tercio del esfuerzo.

Para que el intercambio sea posible, se necesita que ambos países puedan producir ambos productos. Sin embargo, no es la facilidad absoluta de producción, sino la facilidad relativa la que impulsa a uno de los países a especializarse en un producto e importar el otro. Un país siempre considerará importar un bien cuando el costo de adquisición sea menor que el costo de producirlo localmente.

Si Polonia produce trigo y telas en una proporción de 8 yardas de tela por cada tonelada de trigo, e Inglaterra en una proporción de 10 yardas de tela por cada tonelada de trigo, entonces el intercambio beneficiará a ambos.

En términos generales, siempre que un país pueda producir un bien en una proporción mayor con la misma cantidad de trabajo que otro, ambos países pueden beneficiarse del intercambio.

SECCIÓN V: LOS PRODUCTOS IMPORTADOS COMO FUENTE DE GANANCIAS EN EL COMERCIO EXTERIOR

De lo que hemos visto en el capítulo anterior, se puede deducir una regla general y universal: la ganancia de un intercambio comercial proviene siempre del artículo que se recibe, no del que se entrega. Cuando un país comercia con otro, toda la utilidad que obtiene proviene de lo que importa; gana por la importación, no por otra cosa.

Aunque esta idea parece bastante clara, es tan contraria a opiniones comunes que tal vez cueste que algunas personas la acepten, incluso con una demostración. Cuando una persona posee un bien o mercancía, no gana solo por tenerla. Entonces, si decide intercambiarlo, es porque considera que el artículo recibido tiene más valor para él. El simple hecho de preferir el artículo importado al propio ya sugiere que lo considera más valioso.

Lo mismo ocurre entre países. Cuando una nación intercambia parte de sus productos por los de otra, la ganancia para cada una no radica en lo que vende, sino en lo que recibe. Si alguien argumentara que la ganancia radica en el dinero obtenido, bastará con revisar el capítulo sobre la moneda, donde veremos que una cantidad excesiva de metales preciosos no es en sí una ventaja para un país, sino lo contrario.

Si consideramos la importación de artículos que un país podría producir, como en el ejemplo del comercio entre Inglaterra y Polonia, hemos visto que Inglaterra obtendría trigo de Polonia si pudiera conseguir, con el equivalente a 150 días de trabajo en telas, una cantidad de trigo que produciría en 200 días. Si, en cambio, sólo obtuviera la misma cantidad de trigo que podría producir con los mismos 150 días de trabajo, no ganaría nada con el intercambio. Su ganancia, de existir, provendría de la importación, no de la exportación.

El caso de un país que importa artículos que no puede producir es aún más evidente. Ese país, o, mejor dicho, sus habitantes, tienen ciertos productos que deciden intercambiar para obtener bienes de otros países que valoran más. La ventaja no proviene de lo que entregan (decir lo contrario sería absurdo), sino de lo que reciben.

SECCIÓN VI: SOBRE LA UTILIDAD DE UN ARTÍCULO PARTICULAR COMO MEDIO DE INTERCAMBIO

Intercambiar bienes o mercancías directamente, es decir, hacer trueque, no satisface de manera efectiva las necesidades de las personas. Si alguien solo tuviera un carnero y necesitara pan o ropa, podría enfrentar dificultades: o la otra persona no querría su carnero, o el valor del carnero sería demasiado alto en comparación al artículo deseado y no podría dividirse.

Para solucionar estos problemas, sería ideal contar con un artículo que todos estuvieran dispuestos a aceptar a cambio de sus bienes y que pudiera dividirse en partes pequeñas, de forma que una cantidad específica de estas siempre equivaliera al valor del bien deseado. En este caso, quien tuviera un carnero y necesitara pan o ropa podría cambiar su carnero por una porción de este artículo intermedio y luego usarlo para adquirir los bienes que necesita.

Esta es la esencia de un medio de intercambio: un artículo que facilita el trueque entre otros dos bienes, recibiéndose primero como intercambio de uno, y entregándose luego por otro.

Se observó que ciertos metales, como el oro y la plata, reunían todas las características ideales para este fin: eran bienes que todos los que poseían mercancías estaban dispuestos a recibir en trueque; podían dividirse en porciones que representaran distintos valores; concentraban un alto valor en poco volumen, eran fáciles de transportar y muy duraderos, y menos susceptibles a variaciones de valor. Estas cualidades han hecho que el oro y la plata se conviertan en los principales medios de intercambio en todo el mundo.

Sin embargo, estos metales podían mezclarse con otros de menor valor sin que fuera fácil notarlo, y además era incómodo tener que pesarlos cada vez que se realizaba una compra o venta. Para resolver estos inconvenientes, se ideó un sistema para garantizar su pureza, dividirlos en porciones que facilitaran cualquier tipo de compra y colocarles una marca que indicara tanto el peso como la pureza del metal. Esta marca solo podía ser otorgada por una entidad de confianza, generalmente el gobierno, que asumió esta tarea y se reservó el derecho exclusivo para hacerlo.

Este proceso de transformar los metales preciosos en una forma óptima para ser utilizados como medio de intercambio se llama "acuñación", y las piezas resultantes, divididas y selladas, reciben el nombre de "moneda".

SECCIÓN VII: LO QUE DETERMINA EL VALOR DE LA MONEDA

Cuando hablamos del valor de la moneda, nos referimos a su capacidad de intercambio por otros bienes: es decir, a la cantidad de moneda que se entrega a cambio de una cierta cantidad de otros productos o servicios.

La cantidad total de moneda en un país es un factor clave que influye en la porción de moneda que debe intercambiarse por una cantidad dada de bienes o servicios. Supongamos que toda la moneda de un país se agrupara en una parte y todos los bienes en otra, y que estas dos "masas" se intercambiaran entre sí. En ese caso, una décima, centésima o cualquier otra fracción de los bienes totales se intercambiaría por la misma fracción de la moneda total. Esto implica que mientras más moneda haya, menor será la cantidad que cada unidad de moneda podrá adquirir en bienes, y viceversa.

Aunque en la realidad la moneda y los bienes no se intercambian en una sola transacción masiva, el principio sigue siendo el mismo. Los bienes se venden y compran de forma continua y en distintas cantidades a lo largo del año. Una misma moneda puede participar en varias transacciones; de hecho, algunas monedas cambian de manos muchas veces en el año, mientras que otras se usan poco o quedan acumuladas sin movimiento. Tomando en cuenta estas variaciones, existe un precio promedio que refleja cuántas veces, en promedio, cada moneda ha sido utilizada en transacciones.

Imaginemos, por ejemplo, que en promedio cada moneda se usa en diez transacciones al año. Esto equivale a multiplicar el valor de la cantidad total de moneda por diez en términos de transacciones, como si esa cantidad de moneda total se hubiera usado solo una vez. En esta situación, si el valor de los bienes totales del país es diez veces el valor total de la moneda, el valor de cada moneda en términos de bienes depende de que pueda utilizarse diez veces al año.

Si duplicamos la cantidad de moneda disponible, pero cada moneda solo se usará una vez al año, el valor de cada unidad de moneda se reduciría proporcionalmente, ya que los bienes disponibles seguirían siendo los mismos. En este caso, el aumento de la cantidad de moneda provocaría una disminución del valor de cada unidad de ella. Imaginemos que la cantidad total de moneda en un país es de un millón de onzas, y que se incrementa en un décimo. Cualquier cambio en el valor total afectará de manera proporcional a cada una de sus partes: así, un aumento de un décimo en la masa monetaria generará una reducción proporcional en el valor de cada onza.

Si la cantidad total de moneda es solo una décima parte de la suma inicial y cada onza se utiliza para diez transacciones en el año, esto equivaldría a que la moneda se haya intercambiado diez veces para abarcar una décima parte del total de los bienes del país. Ahora bien, si la cantidad de moneda aumentara en cualquier proporción, sería lo mismo que si la masa total de moneda se incrementara en esa proporción. Por tanto, cualquier aumento o disminución en la cantidad de moneda, mientras la cantidad de bienes en el país se mantenga igual, hará que el valor total de la moneda, así como el de cada unidad de ella, disminuya o aumente proporcionalmente.

Esta es una ley fundamental: si el valor de la moneda sube o baja, mientras el volumen de bienes disponibles y el ritmo de circulación de moneda se mantienen constantes, esa variación debe ser causada exclusivamente por un cambio en la cantidad de moneda, y no por ninguna otra razón. Si la cantidad de bienes disminuye mientras la cantidad de moneda sigue igual, es como si el total de moneda hubiera aumentado, y viceversa.

Estas variaciones son el resultado de cualquier cambio en el "movimiento de la circulación", es decir, en el número de transacciones realizadas en un tiempo dado. Un aumento en la cantidad de transacciones tiene el mismo efecto que un aumento en la cantidad de moneda; una disminución en el número de transacciones produce el efecto contrario.

Si una parte de la producción anual no se intercambia, como los bienes que los productores consumen ellos mismos o los que no se venden, esta parte no debe considerarse, ya que lo que no se intercambia en el mercado tiene el mismo efecto, en relación con la moneda, que si no existiera.

SECCIÓN VIII: LO QUE DETERMINA LA CANTIDAD DE DINERO

No basta con entender que la cantidad determina el valor de la moneda; también es esencial descubrir qué es lo que define esa cantidad.

A primera vista, podría pensarse que la cantidad de moneda depende de la voluntad de los gobiernos, ya que ellos tienen el privilegio exclusivo de emitirla y podrían fabricar tanta como quisieran. Sin embargo, la creación de moneda se da en dos situaciones diferentes: o bien el gobierno permite que la cantidad de moneda aumente o disminuya libremente, o bien decide fijar dicha cantidad de manera arbitraria.

Cuando el gobierno permite un movimiento libre en la cantidad de moneda, abre sus casas de moneda al público y acuña todas las barras de metal que los particulares le soliciten. En este caso, los individuos que poseen barras de metal solo estarán interesados en convertirlas en moneda cuando les resulte rentable; es decir, cuando el metal acuñado tenga más valor que el mismo metal en estado de barra. Esto solo ocurre cuando la moneda tiene un valor alto, y se puede cambiar una cantidad mayor de otros bienes con el metal acuñado que con el metal sin acuñar.

Como el valor de la moneda depende de su cantidad, ésta tiene mayor valor cuando es escasa. En ese caso, es rentable para los individuos convertir sus barras en moneda. Pero a medida que aumenta la cantidad de moneda, su valor disminuye, y llega un punto en el que la diferencia de valor entre el metal acuñado y el metal en barra es tan pequeña que ya no compensa convertir barras en moneda.

Si en algún momento la cantidad de moneda es tan escasa que su valor supera al valor del metal en barra, los individuos, al tener libertad, equilibrarán rápidamente la cantidad de moneda, acuñando más. De manera similar, si la cantidad de moneda crece tanto que el valor del metal acuñado cae por debajo de su valor en barra, los individuos tratarán de reducir la cantidad de moneda, fundiendo las monedas y convirtiéndolas nuevamente en barras. Este proceso continuará hasta que el valor de la moneda y el del metal en barra estén lo suficientemente cercanos como para que no haya beneficio en fundir la moneda.

Así, cuando el aumento o la disminución de la cantidad de moneda se produce libremente, esta cantidad se ajusta de acuerdo con el valor del metal. Los individuos se interesan en aumentar o reducir la moneda en función de si el valor del metal en forma de moneda es mayor o menor que en forma de barra.

Si el valor del metal es lo que determina la cantidad de moneda, entonces es importante entender qué regula el valor del metal. Esta pregunta, sin embargo, ya tiene una respuesta clara: el oro y la plata son, en esencia, mercancías, productos que requieren trabajo y capital para producirse. Por lo tanto, son los costos de producción los que regulan el valor del oro y de la plata, al igual que ocurre con cualquier otro bien.

Examinemos ahora los efectos de los intentos del gobierno por controlar el aumento o disminución de la cantidad de moneda y establecer una cantidad fija. Cuando el gobierno se empeña en mantener la moneda en una cantidad menor de la que habría si el sistema fuera libre, el valor del metal acuñado sube, lo que incentiva a todos los que puedan a convertir sus barras en moneda. Si el gobierno no permite esta conversión, algunos optarán por fabricar moneda de forma clandestina, aunque el gobierno puede intentar detener esto mediante castigos.

Por otro lado, si el gobierno intenta mantener una cantidad de moneda mayor a la que se produciría de forma natural, el valor del metal acuñado cae por debajo de su valor en forma de barra, lo que incentiva a las personas a fundir las monedas y vender el metal como barras. Nuevamente, el gobierno puede intentar controlar esto imponiendo castigos, pero la amenaza de castigo solo será efectiva cuando la ganancia de fundir la moneda sea baja. Se sabe que, si la ganancia es alta, la fabricación clandestina o la fundición de moneda continuarán pese a los esfuerzos del gobierno. Además, fundir es una operación más sencilla y fácil de ocultar que fabricar moneda, por lo que es más probable que se realice con expectativas de ganancias menores.

Queda claro entonces: (1) la cantidad de moneda en cualquier país está determinada naturalmente por el valor o, dicho de otro modo, por los costos de producción de los metales que la componen; (2) el gobierno puede, mediante medios artificiales, reducir un poco la cantidad de moneda, aunque esta reducción será limitada; (3) el gobierno también puede elevar la cantidad de moneda ligeramente más allá del punto natural, aunque en menor proporción.

Cuando el gobierno reduce la cantidad de moneda por debajo del nivel que alcanzaría de forma natural, es decir, cuando el valor del metal acuñado supera al del metal en barras, en realidad está imponiendo un "señoreaje". En la práctica, esta imposición se lleva a cabo mediante la circulación de monedas que contienen menos metal del que deberían. Al acuñar moneda de esta forma, el gobierno obtiene una ganancia igual a la diferencia entre el valor del metal en moneda y el valor en barras. Supongamos que esta diferencia es del cinco por ciento; el gobierno compra barras al precio normal y las convierte en moneda, cuyo valor supera en un cinco por ciento al valor en barra. Sin embargo, esta moneda solo mantendrá su valor si, como se explicó anteriormente, su cantidad es limitada. Para limitar la cantidad de moneda, es importante que el señoreaje no sea tan alto como para incentivar la falsificación; es decir, no debe superar considerablemente los costos de acuñación.

SECCIÓN IX: DE LOS SIGNOS DISTINTIVITOS DE LA MONEDA

El único signo representativo del dinero que merece especial atención en este compendio es el papel moneda, una promesa escrita de pagar una suma específica de dinero. Este tipo de documento, usado para reemplazar la moneda física, se originó cuando se inventaron las letras de cambio, posiblemente creadas por comerciantes judíos en tiempos de feudalismo y escasez de dinero.

Imaginemos el comercio entre Inglaterra y Holanda. Si Inglaterra necesitaba pagar a Holanda por productos importados y, a su vez, Holanda tenía deudas con Inglaterra, ambos países enfrentaban el problema y el alto costo de transportar oro y plata. La solución fue que cada comerciante diera una orden de pago al acreedor en el otro país, un proceso que se llamó "letra de cambio". Así, en lugar de enviar dinero físico, los comerciantes simplemente intercambiaban sus obligaciones, ahorrando costos y facilitando el comercio.

Este sistema permitía que los países pagaran sus importaciones sin transferencias de dinero físico, excepto cuando uno debía más de lo que recibía. En ese caso, solo se enviaba el monto necesario para equilibrar las cuentas. El uso de letras de cambio no solo resultó ventajoso, sino también esencial en una época en la que leyes estrictas prohibían la exportación de metales preciosos.

Las letras de cambio no solo sirvieron para saldar deudas entre países, sino también como un sustituto del dinero en el país al que se enviaban. Cuando se emitía una letra de cambio con fecha de pago específica, el comerciante que la recibía podía usarla como medio de pago en lugar de dinero. Si tenía una deuda que saldar o necesitaba hacer una compra, pero no disponía del efectivo, podía pagar con la letra de cambio. Estas letras pasaban de mano en mano y se usaban para realizar múltiples pagos antes de que finalmente se cobraran al deudor original. Así, funcionaban como papel moneda y abrían el camino para un uso más amplio de estos documentos como medio de circulación.

Al notar que una promesa firmada por un comerciante para pagar una cantidad de dinero podía ser aceptada casi como el propio dinero, surgió un incentivo para expandir su uso. Aquellos que actuaban como banqueros, manteniendo dinero para particulares y realizando cambios de moneda, fueron los primeros en emitir promesas de pago para usarlas en transacciones comerciales. Con el tiempo, estas promesas se convirtieron en sustitutos de los metales preciosos, reemplazando casi completamente su uso en transacciones cotidianas gracias a la confianza del público.

Ahora bien, quedan por analizar tanto las ventajas que aporta este tipo de representación de la moneda como los posibles inconvenientes que conlleva.

SECCIÓN X: DE LAS VENTAJAS QUE OFRECE EL USO DEL PAPEL-MONEDA

Los metales preciosos, como el oro y la plata, se adquieren con los productos del país y se usan como medio de cambio. Para obtenerlos, se exportan bienes agrícolas o manufacturados, y en lugar de traer otros bienes de consumo, se importa oro y plata. El valor de estos metales, cuando son el único medio de cambio, está relacionado con el producto anual del país, aunque su proporción es mayor en países menos desarrollados. Si, por ejemplo, cada moneda se usa para realizar cien transacciones en un año, el valor total de la moneda sería igual a una centésima parte del producto anual. En países donde la moneda circula más lentamente, su valor puede representar hasta una décima parte del producto anual.

Sin importar la proporción de la riqueza nacional destinada al intercambio, esa parte queda inactiva para la producción. Solo son productivos aquellos recursos que se usan directamente en la producción, como el alimento del trabajador, las herramientas y máquinas con las que trabaja, y las materias primas. Esto significa que, si se redujera la cantidad de riqueza destinada a la moneda y se usara para la producción de alimentos, herramientas y materias primas, el país aumentaría su capacidad productiva.

Si se reemplazaran los metales preciosos por otro símbolo, como el papel moneda, el capital productivo crecería significativamente, dado que el papel es mucho más eficiente para funcionar como medio de cambio. Además, el papel moneda es más fácil de manejar: grandes sumas de oro o plata son incómodas y difíciles de contar, mientras que un billete de banco permite realizar grandes transacciones de forma rápida y sencilla.

SECCIÓN XI: DESAFÍOS DEL USO DEL PAPEL-MONEDA

Los inconvenientes que acarrea el uso del papel moneda pueden dividirse en tres categorías principales: la falta de cumplimiento de los emisores, la falsificación y la alteración de su valor en el mercado.

En primer lugar, la posibilidad de que los emisores del papel moneda no cumplan con sus obligaciones, como ocurre en caso de quiebra, es una preocupación seria. Sin embargo, en presencia de buenas instituciones y sin restricciones para la creación de bancos con una amplia base de socios, esta dificultad puede mitigarse considerablemente. Si cada región o distrito contara con bancos locales establecidos por personas de solvencia y reputación, se aumentaría la estabilidad de la emisión de billetes y, en consecuencia, la confianza del público en el sistema. En un contexto de libre competencia, los bancos se verían impulsados a sostener su propia reputación para asegurar el éxito de sus billetes en el mercado.

De este modo, en lugar de depender de una intervención externa, el sistema de papel moneda se autorregularía gracias al interés común y la vigilancia mutua. Ningún banco de dudosa fiabilidad podría imponer su papel moneda en circulación, ya que los intereses comerciales se mantendrían atentos a la calidad y respaldo de cada emisión. En regiones donde la información sobre las actividades comerciales y bancarias se difunde adecuadamente, el público pronto aprende a distinguir entre los billetes de bancos seguros y aquellos que son potencialmente riesgosos, prefiriendo naturalmente los primeros. Así, la competencia misma se convierte en un guardián de la seguridad financiera.

La falsificación, como segundo inconveniente, se enfrenta a la resistencia natural de un sistema de múltiples bancos vigilantes. Cada banco tiene interés en proteger su propia emisión y denunciar cualquier intento de fraude, preservando así la credibilidad de su papel en el mercado. Este sistema de múltiples emisores de papel moneda distribuidos en áreas definidas tiene una ventaja adicional: cuando ocurre una quiebra, el impacto negativo se limita a un área determinada, lo cual reduce los daños al sistema financiero en general. La misma rivalidad que impulsa a los bancos a vigilar a sus competidores los motiva también a mantener prácticas cautelosas para evitar cualquier sombra de duda sobre su propia solvencia.

Como ejemplo de este modelo, Escocia ha demostrado los beneficios de un sistema bancario de libre competencia y emisión de papel moneda, con numerosos bancos locales extendidos por distintas regiones. A lo largo de los años, incluso en épocas de fluctuaciones monetarias y crisis, como durante la suspensión de pagos en metálico en Inglaterra, el sistema escocés ha mostrado notable estabilidad.

El interés y la inteligencia de los particulares pueden garantizar en gran medida la seguridad del papel moneda sin la intervención directa del gobierno. No obstante, el gobierno también dispone de ciertos mecanismos adicionales para fortalecer la estabilidad del sistema financiero, y estos pueden complementarse adecuadamente con la vigilancia pública y la competencia sana entre instituciones.

Podría exigirse a cada banco presentar dos informes mensuales a un agente del gobierno: uno que indique el total de billetes en circulación y otro que detalle las garantías que el banco tiene para responder a todas las solicitudes de pago. Además, las autoridades deberían contar con la facultad para tomar las medidas necesarias para asegurar que el público tenga las garantías adecuadas si se identifican deficiencias.

Dado que la emisión de billetes genera importantes ganancias en circunstancias favorables, sería deseable que este beneficio, en lugar de ir exclusivamente a particulares, también recayera en el público siempre y cuando no genere efectos negativos mayores. Hay que recordar que las ganancias obtenidas por los intereses generados por el dinero en circulación son diferentes de los beneficios que se derivan de la conversión de un medio de cambio costoso en recursos productivos.

La emisión de billetes es uno de los pocos negocios que un gobierno puede manejar eficientemente, pues depende de un número limitado de normas claras y precisas. En este caso, el público actuaría como su propio banquero, evitando así el riesgo de quiebra de las entidades emisoras, ya que sería el mismo público quien financiaría y cubriría las obligaciones de estos billetes.

La economía política no considera que el dinero que el público aporta sea malgastado o usado de forma imprudente. Casos de quiebras nacionales y de incumplimiento de pagos han ocurrido en algunos países, pero todos ellos fueron producto de la manipulación de unos pocos en perjuicio de muchos. Cuando es el mismo pueblo el que financia y asegura los pagos de sus propios billetes, no se puede hablar de pérdidas por quiebra.

Por lo tanto, el riesgo de no reembolsar las obligaciones generadas por el papel moneda puede minimizarse a un nivel que no justifique una objeción seria contra este sistema, que tiene tantas ventajas y beneficios innegables. Sin embargo, hay quienes sostienen que, aunque en tiempos de estabilidad los beneficios del papel moneda son superiores a sus riesgos, la situación puede ser diferente en tiempos de guerra civil o de invasión extranjera.

Las palabras "guerra civil" e "invasión extranjera" suelen evocar ideas de riesgo que, aunque vagas, pueden afectar negativamente nuestra capacidad de juicio.

En primer lugar, en el mundo moderno, en países con buen gobierno y una población importante, las probabilidades de guerra civil o invasión extranjera son muy bajas. Por eso, al definir políticas para asegurar la prosperidad nacional, estos eventos raros no deberían influir en las decisiones. Elegir un sistema menos eficiente solo porque podría ser útil en tiempos de crisis sería como mantener a alguien en tratamiento médico para una emergencia que rara vez ocurre.

Si los beneficios del papel moneda se pueden disfrutar sin problemas en épocas de paz y estabilidad, salvo en casos extremos, esto prueba su utilidad. Para evitar errores derivados de esos riesgos poco claros, conviene entender exactamente qué problemas específicos surgirían con un sistema de papel moneda en esos casos extraordinarios.

En tiempos de guerra civil o invasión, el uso de oro y plata como único medio de cambio también genera desorden en la circulación. Suele haber una tendencia a acumular o esconder dinero, lo que reduce el dinero en circulación y causa problemas inmediatos: los precios caen, el valor del dinero sube, y tanto los vendedores como los deudores sufren pérdidas, creando un clima de miseria generalizada. En este contexto, la presencia de un sistema de papel moneda ayudaría a mitigar los efectos negativos de esta acumulación de dinero.

Además, si el papel moneda es emitido por un gobierno que cuenta con la confianza del público, es poco probable que una invasión, que generalmente refuerza la solidaridad y el apoyo al gobierno, afecte el valor de los billetes. Incluso los invasores podrían preferir no dañar la economía local, ya que esto reduciría su propio beneficio. En caso de guerra civil, todos los bandos tendrían interés en preservar el sistema de dinero en circulación. Igualmente, en una invasión, el enemigo tendría interés en mantener el funcionamiento económico en las áreas ocupadas. Por tanto, un sistema bien gestionado de papel moneda puede resultar resistente y beneficioso, incluso en circunstancias de conflicto.

En el peor de los casos, la circulación del papel moneda podría detenerse solo temporalmente. Después de una invasión, por ejemplo, las mismas personas responsables de emitir los billetes los redimirían, o, si hubieran perdido sus bienes debido a la destrucción causada por el enemigo, el gobierno podría compensarlas.

Incluso en una guerra civil, es improbable que un sistema de papel moneda bien establecido sufra una pérdida significativa de valor. En tales conflictos, el país se divide casi a partes iguales entre los bandos. En este contexto, ni el gobierno ni el bando opositor tienen motivos para dañar el valor del papel moneda, ya que hacerlo afectaría las transacciones y el bienestar de las personas en sus áreas de control. Los bancos locales y el propio gobierno tienen un interés doble en mantener el valor del papel moneda, porque perjudicarlo afectaría negativamente a los residentes y dificultaría su capacidad de financiar el conflicto.

La experiencia apoya este razonamiento: en situaciones de conflicto o invasión, el valor del papel moneda suele mantenerse estable, siempre que haya un respaldo razonable.

Por otro lado, el riesgo de falsificación de billetes es un problema similar al de la falsificación de monedas. Aunque es grave en sistemas centralizados, como el del Banco de Inglaterra, su impacto sería menor en un sistema descentralizado. Cuando un banco grande monopoliza la circulación en un país, pueden surgir más billetes falsos porque vale la pena asumir los altos costos y riesgos de la falsificación. En cambio, en un sistema con bancos locales que solo operan en áreas pequeñas, habría menos billetes falsos en circulación.

Además, en un sistema con competencia, los bancos tienen incentivos para mantener la confianza del público. Si descubren billetes falsos, prefieren pagarlos sin alarmar al público, y después investigar para detener a los falsificadores. Así, el público queda protegido de pérdidas, y aunque los bancos asuman algunos costos, lo hacen con la confianza de que pueden compensarlos.

El tercer inconveniente del papel moneda es la posibilidad de una alteración en su valor, pero esta variación es causada siempre por el gobierno, y no es algo exclusivo del papel moneda.

Sabemos que el valor de las monedas metálicas depende del valor del metal que contienen, y de manera similar, el valor del papel moneda que puede ser canjeado en cualquier momento por metal (ya sea en monedas o en barras) se establece según el valor del metal que se obtendría a cambio. La lógica es sencilla: si el valor del papel cayera por debajo del valor del metal, cualquier persona que tuviera un billete intentaría cambiarlo por metal para obtener algo de mayor valor.

Por ejemplo, si los billetes en circulación en Inglaterra representaran una promesa de cambio por una onza de oro a una tasa fija, y el valor del papel cayera por debajo del de esa onza de oro, los tenedores de billetes exigirían el cambio por oro. En este caso, los emisores de billetes tendrían interés en reducir la cantidad de billetes en circulación para aumentar su valor. Si intentaran mantener demasiados billetes en circulación, enfrentándose a la constante demanda de cambio por oro, estarían en una situación donde perderían dinero: recibirían un valor bajo al emitir los billetes, pero tendrían que pagar más en oro al canjearlos.

Así, tanto los bancos como los tenedores de billetes tienen incentivos para evitar que el valor del papel moneda baje respecto a los metales. Es claro también que los bancos prefieren no retirar más billetes de los necesarios, pues mientras más billetes en circulación, más ganancias obtienen. Sin embargo, si el valor del papel baja en exceso, su interés es reducir la cantidad para equipararlo con el valor del metal.

En un sistema de moneda metálica, el gobierno solo puede reducir el valor de las monedas disminuyendo la cantidad de metal en ellas. Si las monedas mantuvieran su valor metálico y hubiera una ventaja en fundirlas, desaparecerían de la circulación en cuanto se pusieran en marcha. En cambio, en un sistema de papel moneda, el gobierno puede devaluar simplemente suspendiendo la obligación de convertir los billetes en metal, en especial si hay un exceso de papel en circulación.

El papel moneda puede ponerse en circulación sin obligación de respaldarlo en metálico de dos maneras: una es que el gobierno lo emita y le otorgue curso legal sin la obligación de canjearlo por metales preciosos; la otra es que una entidad, como el Banco de Inglaterra, emita el papel moneda bajo la supervisión del gobierno, que puede suspender la obligación de reembolsarlo en metálico.

Cuando aumenta la cantidad de papel moneda y, en consecuencia, disminuye su valor, ocurren dos efectos principales. Primero, suben los precios de todos los bienes y productos; segundo, quienes tienen derecho a recibir una suma específica de dinero en su valor original sufren una pérdida, ya que ese dinero ha perdido valor.

Por "precio" entendemos la cantidad de dinero que se entrega a cambio de otro bien. Si el valor del dinero baja, esto no afecta el valor relativo de otros bienes entre sí. Los bienes como el pan, la ropa o los zapatos ganan valor en comparación con el dinero, pero no en relación con otros productos. Esta diferencia en los precios, en sí misma, no afecta a nadie de manera significativa. Quienes venden productos reciben más dinero, pero ese dinero les permite comprar la misma cantidad de bienes que antes. De igual manera, quienes compran productos deben gastar más dinero, pero tienen los ingresos necesarios para ello, pues también han recibido más dinero por los productos que venden.

Respecto al segundo efecto, que es la pérdida de valor del dinero, es importante recordar que en los países desarrollados existen obligaciones de pagar ciertas sumas de dinero a personas específicas, ya sea de forma única (como en las deudas) o de manera periódica (como en las rentas). Es evidente que alguien que tenía el derecho de recibir, por ejemplo, mil pesos en su valor original, pierde si el dinero ha bajado en valor y aún recibe la misma cantidad nominal. Por otro lado, quien paga estos mil pesos se beneficia, pues paga menos en valor real. La situación se invierte si el valor del dinero sube: el pagador se ve afectado y el receptor se beneficia. Estas pérdidas o ganancias generan injusticia y afectan la estabilidad y la felicidad de las personas, aunque no disminuyen la riqueza general del país.

David Hume sugiere que un aumento en la cantidad de dinero trae otros efectos. Según él, al principio de este aumento, algunas personas gastan más en el mercado, ofreciendo precios más altos, lo que incentivaría a los productores a ser más activos e incrementar su producción. Sin embargo, esta teoría carece de claridad sobre el concepto de producción. La producción no depende del precio del dinero, sino de los recursos reales: los alimentos para los trabajadores, las herramientas y las máquinas necesarias, y las materias primas que se transforman. Si estos elementos no aumentan junto con la cantidad de dinero, no puede haber un aumento en la producción. Esto muestra que Hume cometió un error en su análisis, y es útil reconocer esta falla en su razonamiento.

Cuando una persona llega al mercado con más dinero que antes, puede hacer que suban los precios de los productos que compra. Sin embargo, si no logra aumentar el precio de los productos, no se está generando ningún incentivo para que los productores aumenten su producción. Es decir, si los precios suben, el valor de la moneda baja, pero eso no impulsa la producción.

Alguien podría argumentar que, al llevar más dinero al mercado, el primero en hacerlo eleva los precios de los productos, y que esto incentiva a los productores a ser más activos, porque no ha aumentado el precio de otros bienes que ellos necesiten comprar. Pero no es correcto pensar así. Si una persona llega al mercado con más dinero para comprar productos, lo que realmente sucede es que esos precios suben. Los productores luego usan su dinero para comprar otros productos, y al llevar más dinero, también hacen subir el precio de esas mercancías. Así, el aumento de los precios ocurre de forma continua, afectando todos los productos, pero solo cuando alguien se presenta con más dinero para comprarlos.

Los mercados de un país pueden verse como una serie de pequeños mercados, cada uno con un tipo de producto y una cantidad de dinero específica para intercambiar. En condiciones normales, cada mercado tiene una cantidad determinada de mercancías y de dinero para intercambiar. Si las mercancías aumentan sin que lo haga el dinero, los precios caerán proporcionalmente. Para explicarlo con un ejemplo, supongamos que un mercado tiene 100 panes y 100 pesos. El precio de cada pan será de 1 peso. Si de repente la cantidad de panes se duplica, pero el dinero se mantiene igual, el precio de cada pan caerá a medio peso. No tendría sentido decir que los panes no se venderán, ya que, si no se venden, es como si no se hubieran llevado al mercado en primer lugar.

Lo mismo ocurre si el aumento es en la cantidad de dinero. Si la cantidad de moneda crece sin que aumenten las mercancías, su valor disminuye y eso genera efectos negativos. Sin embargo, no hay una solución contra estos cambios de valor, ya que son actos del gobierno. La única manera de prevenir que el valor del dinero fluctúe de manera perjudicial es que el gobierno esté en sintonía con las necesidades del pueblo. Si el gobierno es responsable ante la gente, sabrá que es ventajoso mantener el valor de la moneda estable, es decir, en línea con el valor del oro o los metales preciosos.

Aunque los metales preciosos son menos susceptibles a variaciones de valor que otros productos, no están completamente a salvo de cambios. Las variaciones permanentes en el valor de los metales preciosos suelen ocurrir cuando cambian los costos de extracción, como sucedió cuando se descubrieron las minas de oro y plata en América, que permitieron extraer más metales con la misma cantidad de trabajo. Las variaciones pasajeras en el valor de los metales pueden ocurrir por cambios en la oferta y la demanda, como cuando se necesita comprar grandes cantidades de oro o plata para financiar operaciones militares o subsidios a otros gobiernos, lo que puede llevar a que se envíen grandes cantidades de metales fuera del país.

El precio de la plata sube hasta que el mercado se equilibra a través de la importación. La ganancia que se obtiene de esta operación motiva a nivelar la balanza comercial. En este contexto, un papel-moneda que no se pueda redimir de inmediato en metales preciosos tiene una ventaja: si fuera redimible, las personas pedirían oro a cambio, lo que reduciría la cantidad de papel en circulación y aumentaría su valor. Pero si el papel no es redimible, puede mantenerse con el mismo valor que antes. Sin embargo, esto rara vez es aplicable, a menos que el medio de circulación esté compuesto completamente por papel-moneda no emitido por el gobierno.

En este caso, la estabilidad en la cantidad de papel sería un buen indicio y una garantía de su valor. Si el precio del oro subiera repentinamente por encima del valor nominal de las cédulas bancarias, sin cambiar la cantidad de papel en circulación, la estabilidad de la cantidad de papel indicaría que este aumento en el precio del oro es solo temporal, y el oro eventualmente volvería a la circulación. Si, bajo estas circunstancias, se suspendiera temporalmente la obligación de mantener el valor del papel igual al del oro, se tendría una garantía suficiente contra grandes alteraciones en el valor del medio de circulación. Esto se debe a que, durante un corto período de tiempo, no podría haber un cambio significativo en la cantidad de operaciones realizadas con el medio de circulación que afectara su valor considerablemente.

SECCIÓN XII: EL VALOR DE LOS METALES PRECIOSOS DETERMINA SI UN PAÍS DEBE EXPORTAR O IMPORTAR

Los metales preciosos, como el oro y la plata, no son más que mercancías que tanto las personas como las naciones compran y venden de manera habitual.

Según el razonamiento común, parecería que un país solo exporta mercancías que son más baratas en su territorio que en el destino, e importa aquellas que son más caras en su mercado que en el país de origen. Aplicando esta lógica, si el oro es más barato en Inglaterra que en otros países, Inglaterra exportará oro; pero si es más caro, lo importará.

Sin embargo, cuando el oro es barato en un país, significa que las demás mercancías suelen ser caras. Esto se debe a que, si se necesita más oro para comprar bienes, el oro tiene menos valor relativo. Por lo tanto, cuando el precio del oro es bajo en Inglaterra, las mercancías en general son más caras en comparación con otros países. En este caso, el oro se exportará siguiendo la regla de que las mercancías tienden a moverse hacia los mercados donde tienen mayor valor.

Cuando el oro se exporta, también se exportarán menos mercancías, ya que el precio más alto de estas en el país de origen las hace menos competitivas en el exterior. Si el valor del oro es lo suficientemente bajo como para encarecer todos los productos locales respecto a otros países, entonces solo el oro se exportará, y no otros bienes.

De manera similar, un país solo importará cuando el valor del oro en su territorio sea más alto, ya que esto hace que las mercancías extranjeras sean más baratas en comparación con las locales. Así, un aumento en la cantidad de metales preciosos dentro de un país, que reduce su valor, limita gradualmente su capacidad de exportar productos. Por el contrario, una disminución en la cantidad de metales preciosos eleva su valor, incentivando la exportación de otros bienes.

En un mercado libre, estas dinámicas generan un equilibrio natural: los metales preciosos fluyen hacia donde son más valiosos, y las mercancías se exportan o importan según las variaciones relativas en sus precios.

SECCIÓN XIII: EL VALOR DE LOS METALES PRECIOSOS (O DEL MEDIO DE INTERCAMBIO) QUE INFLUYE EN LA EXPORTACIÓN NO ES IGUAL EN TODOS LOS PAÍSES

Cuando hablamos del valor de los metales preciosos, nos referimos a la cantidad de bienes o servicios que se pueden adquirir con ellos. Este valor no es uniforme, no solo entre países, sino incluso entre diferentes regiones dentro de un mismo país.

En algunas áreas rurales y remotas de Gales, el dinero tiene más valor que en Londres. Esto significa que, con la misma cantidad de dinero, se pueden comprar más bienes en Gales que en la capital. En términos comunes, se dice que "la vida es más barata" en esos lugares, es decir, los productos cuestan menos dinero.

Sin embargo, esta diferencia de precios no causa un flujo automático de dinero desde Londres hacia Gales para equilibrar los costos. Este fenómeno requiere una explicación.

El motivo de esta disparidad se reduce principalmente a los costos de transporte, por ejemplo, los bienes producidos en Gales, como el trigo o la carne, son más baratos allí porque en Londres su precio incluye el costo de transporte desde Gales. De manera similar, los productos manufacturados en Londres o importados desde el extranjero son más baratos en la capital que en Gales, ya que llevarlos a las regiones rurales implica un aumento en el costo.

Así, aunque algunos productos son más baratos en Gales y otros en Londres, los bienes esenciales para la vida diaria tienden a ser menos costosos en Gales. La producción local de bienes básicos en Gales, que evita costos significativos de transporte. El precio de estos bienes regula el costo del trabajo en la región, lo que reduce los costos generales de vida.

Por otro lado, los productos que se envían de Londres a Gales suelen ser artículos más especializados o manufacturados, cuyo valor es proporcionalmente más alto en comparación con el costo del transporte. Esto provoca que, en general, la vida sea más barata en Gales que en Londres, porque en Londres los habitantes deben pagar más por los productos esenciales que vienen de fuera.

Si el valor del dinero en Gales aumentara más allá de la diferencia causada por los costos de transporte, habría un incentivo para que los metales preciosos se trasladaran desde Londres hacia Gales en busca de beneficios. Este proceso acabaría equilibrando la diferencia de valores entre ambas regiones.

Traslademos esta reflexión de dos regiones de un mismo país a dos países distintos. La vida es más cara o, dicho de otro modo, el valor de los metales preciosos es más bajo en Inglaterra que en Polonia. Esta

55

diferencia también se explica principalmente por los costos de transporte.

Supongamos que Inglaterra importa una parte significativa de su trigo desde Polonia y, a su vez, exporta a Polonia la mayoría de sus productos manufacturados de alta calidad. En este escenario, el trigo será más caro en Inglaterra debido a los costos asociados a su transporte, mientras que los productos manufacturados ingleses serán más costosos en Polonia por la misma razón.

De manera similar al caso entre Gales y Londres, esta dinámica hace que el dinero tenga más valor en Polonia que en Inglaterra. Es decir, el oro en Polonia tiene un mayor poder adquisitivo, compensando los gastos de transporte que Inglaterra asume al importar trigo. Sin embargo, si el valor del oro en Polonia aumentara más allá de esta diferencia en los costos de transporte, habría un incentivo para trasladar oro desde Polonia hacia Inglaterra, aprovechando la oportunidad de obtener ganancias con esta transferencia.

SECCIÓN XIV: CÓMO SE DISTRIBUYEN ENTRE LAS NACIONES LOS METALES PRECIOSOS USADOS COMO MEDIO DE INTERCAMBIO

En los países donde se extrae oro, este metal existe en relativa abundancia, pues constantemente se añade una nueva cantidad al stock ya existente. Esto genera una tendencia continua a la disminución del valor relativo del oro en dicho país, lo que significa que los precios de otras mercancías tienden a subir.

Cuando el precio de ciertas mercancías aumenta lo suficiente para que sea rentable importarlas de otro país, estas llegan desde lugares donde, considerando los costos de producción y transporte, pueden adquirirse a menor precio. En este intercambio, el oro sale del país.

A medida que el oro se importa a un nuevo país, allí también se genera una abundancia relativa, lo que eleva los precios de sus productos. Llega un punto en que algunas mercancías locales se encarecen lo suficiente como para que resulte rentable exportarlas. Este proceso se repite en cadena, y el oro se distribuye de país en país a lo largo del mundo comercial.

En una sección anterior vimos que es beneficioso para dos países intercambiar productos cuando los costos relativos de producción son diferentes. Por ejemplo, si en Inglaterra cuatro sacos de trigo y veinte yardas de tela requieren la misma cantidad de trabajo, pero en Polonia veinte yardas de tela cuestan el doble de trabajo que cuatro sacos de trigo, sería ventajoso que cada país se especializara en producir lo que le resulta más eficiente.

Supongamos que en Inglaterra el trabajo necesario para producir cuatro sacos de trigo equivale al requerido para veinte yardas de tela, mientras que en Polonia ese mismo trabajo produce veinte yardas de tela o el doble de trigo. En este caso, el precio relativo del trigo respecto a la tela sería diferente en ambos países. Si Polonia exportara trigo a Inglaterra, con el trabajo necesario para producir cuatro sacos (o diez yardas de tela), podría adquirir veinte yardas de tela en Inglaterra. Por otro lado, si Inglaterra enviara tela a Polonia, con el trabajo necesario para producir veinte yardas, podría obtener no solo cuatro sacos de trigo (su valor equivalente en Inglaterra), sino ocho sacos, duplicando su rendimiento. Así, ambos países tendrían incentivos claros para comerciar.

Este intercambio podría realizarse directamente mediante trueque, pero en una economía que usa dinero, los precios de los bienes reflejarían estas diferencias. Por ejemplo, en Polonia, si el trabajo necesario para producir cuatro sacos de trigo equivale al de diez yardas de tela, los precios de ambos bienes serían iguales. En Inglaterra, donde la equivalencia sería de cuatro sacos de trigo por veinte yardas de tela, los precios seguirían la misma lógica. Dependiendo del caso, el precio de un bien, como el trigo, podría ser igual en ambos países o diferente. La explicación de un caso basta para entender el otro.

Supongamos que el precio del trigo es el mismo en Inglaterra y en Polonia. Bajo esta condición, el precio de una yarda de tela en Polonia sería el doble del precio en Inglaterra. Con esta diferencia, es evidente lo que sucederá: el paño, más barato en Inglaterra, se exportará a Polonia, donde es más caro, y se venderá a cambio de oro, ya que el trigo, con precios iguales en ambos países, no generaría un comercio inverso.

Al importar tela inglesa a Polonia, el oro comienza a salir de Polonia y a fluir hacia Inglaterra. Como resultado, el oro se vuelve más abundante en Inglaterra y más escaso en Polonia. Esto provoca un efecto en los precios: en Inglaterra los precios suben progresivamente, mientras que en Polonia bajan. Por ejemplo, el precio del trigo y, por extensión, de la tela subirá en Inglaterra y bajará en Polonia.

Si inicialmente el trigo cuesta cuatro libras esterlinas por cuartera en ambos países, y la tela cuesta ocho libras esterlinas por yarda en Polonia y cuatro en Inglaterra, este flujo de comercio comenzará a cambiar los precios. El trigo en Inglaterra empezará a superar las cuatro libras, mientras que en Polonia caerá por debajo de ese valor. Del mismo modo, el precio de la tela en Inglaterra subirá por encima de cuatro libras, mientras que en Polonia estará por debajo de ocho libras.

Con el tiempo, los precios del trigo en ambos países divergirán lo suficiente como para cubrir los costos de transporte. En ese momento, será rentable importar trigo desde Polonia a Inglaterra. Los precios se estabilizarán de forma que el trigo sea más caro en Inglaterra que en Polonia, exactamente en la cantidad que representen los costos de transporte. Por otro lado, la tela será más caro en Polonia que en Inglaterra por la misma razón.

En este punto, el valor de los bienes exportados e importados entre ambos países se equilibrará. El comercio alcanzará un estado donde el cambio será justo y el flujo de oro entre los países cesará.

Un análisis más detallado revela que cualquier cambio en las condiciones de intercambio entre los dos países alterará necesariamente la distribución de metales preciosos entre ellos. Por ejemplo, si Inglaterra comienza a fabricar un nuevo producto que Polonia desea adquirir, Polonia importará este producto y lo pagará con oro, ya que se supone que en ese momento el comercio de trigo y tela está equilibrado. Al igual que antes, el precio de los bienes subirá en Inglaterra y bajará en Polonia. Este cambio incentivará mayores importaciones de productos polacos en Inglaterra y menores exportaciones inglesas hacia Polonia, hasta que la balanza comercial vuelva a equilibrarse.

SECCIÓN XV: DE LAS TRANSACCIONES PECUNIARIAS ENTRE LAS NACIONES: LETRAS DE CAMBIO

Las monedas de los distintos países son diferentes en nombre y cantidad de metal que contienen. Por ejemplo, la libra esterlina de Inglaterra y el dólar de otros países tienen composiciones distintas. Cuando un comerciante realiza compras en otro país, paga en la moneda local. Si un comerciante holandés compra en Inglaterra, debe enviar libras esterlinas o su equivalente en florines, ajustado al contenido de metal precioso. Este cálculo se denomina par del cambio.

En lugar de transportar monedas físicamente, las transacciones suelen realizarse con letras de cambio. Un comerciante en Londres con dinero por cobrar en Ámsterdam escribe una letra instruyendo a su deudor a pagar la suma a un tercero. Este documento se conoce como letra, y el acto de redactarlo, como librar. Si el comerciante tiene deudas en Ámsterdam, la letra permite equilibrar lo que debe recibir con lo que debe pagar.

En el comercio internacional, los importadores y exportadores suelen ser diferentes. Por ejemplo, los ingleses que compran productos holandeses como trigo no son los mismos que venden bienes ingleses, como textiles, en Holanda. Para resolver esto, los exportadores ingleses emiten letras que los importadores adquieren para pagar sus compras, eliminando la necesidad de enviar monedas entre países.

En Inglaterra, existen dos tipos de personas involucradas en transacciones financieras internacionales: aquellas que tienen dinero por recibir de países como Holanda y aquellas que necesitan enviarlo a esos países. Para facilitar estas operaciones, han surgido intermediarios llamados corredores de cambio. Su función es conectar a quienes necesitan pagar con quienes tienen dinero que recibir, agilizando el proceso y evitando demoras en las transferencias.

Cuando el monto de las deudas y los créditos entre dos países es equilibrado, las letras de cambio se intercambian al mismo valor nominal, lo que se denomina "cambio al par". Sin embargo, si un país, como Inglaterra, debe más de lo que recibe, la demanda por letras de cambio aumenta. Esto genera una competencia entre quienes buscan comprar estas letras, elevando su precio. En este caso, se dice que el cambio favorece al país acreedor (Holanda, en este ejemplo) y perjudica al deudor (Inglaterra).

Por otro lado, si ocurre lo contrario y hay más dinero por recibir que por pagar, el valor de las letras de cambio disminuye. Esto desalienta las importaciones desde el país acreedor, ya que los costos adicionales reducen las ganancias, y a la vez incentiva las exportaciones hacia dicho país debido a los mayores beneficios obtenidos al vender las letras.

El precio de las letras de cambio tiene un límite natural: los costos de enviar dinero físicamente entre países. Si el costo de adquirir una letra supera estos gastos, los comerciantes optarían por transportar el dinero directamente. Así, los costos de transporte fijan el tope de cuánto puede variar el precio de las letras de cambio, asegurando que esta diferencia nunca sea excesiva.

Las transacciones internacionales a través de letras de cambio son una herramienta clave en el comercio entre países. Por ejemplo, si Inglaterra tiene una deuda con Holanda, pero, a su vez, posee créditos en Hamburgo, podría saldar la deuda con Holanda utilizando el crédito que tiene en Hamburgo. En términos prácticos, un comerciante en Ámsterdam que posee una letra de cambio contra Inglaterra podría preferir enviarla a Hamburgo, donde su valor sería mayor, en lugar de cobrarla directamente en Inglaterra. De esta forma, las deudas de Inglaterra con Holanda se liquidan a través de créditos con un tercer país.

Este sistema opera bajo dos escenarios principales: cuando el valor relativo de las monedas de ambos países se mantiene estable y cuando dicho valor cambia. Por ejemplo, si originalmente diez florines equivalían a una libra esterlina, pero el valor de la libra disminuye y solo equivale a ocho florines, el "par del cambio" debería ajustarse a esta nueva realidad. Sin embargo, los comerciantes continúan usando el par original como referencia, aunque las transacciones se ajusten al valor real de las monedas. Así, si la libra se valora en ocho florines en lugar de diez, se diría que el cambio está "contra Inglaterra" en un 20 %. Este lenguaje, aunque impreciso, refleja cómo se ajustan las operaciones a la realidad del mercado.

Cuando las monedas de ambos países son metálicas, cualquier alteración en su valor relativo refleja cambios en la cantidad de metal precioso que contienen, ya que es difícil establecer una diferencia significativa entre el valor nominal de la moneda y el del metal que representa. Sin embargo, en el caso de monedas respaldadas por papel moneda no convertible, las dinámicas cambian significativamente, requiriendo un análisis más detallado de sus efectos en el comercio y las transacciones internacionales.

Si en Inglaterra se introduce una cantidad considerable de papel moneda no convertible en metal precioso, y esto reduce el valor de la libra esterlina en un 20 % respecto al metal que representaba originalmente, las consecuencias son claras. En este escenario, un billete de 100 libras esterlinas no conserva el mismo poder adquisitivo en términos de metal precioso, sino que su valor disminuye proporcionalmente al descenso del respaldo metálico. Por ejemplo, si originalmente 10 florines de Holanda equivalían al contenido metálico de una libra esterlina, ahora solo serían necesarios 8 florines para igualar el valor del metal que respalda a una libra esterlina en papel.

Por tanto, una letra de cambio emitida por 100 libras esterlinas ya no equivaldrá a mil florines, como lo habría hecho cuando el valor del metal se mantenía intacto, sino a ochocientos florines. Esto refleja que el valor de una letra de cambio está determinado por la cantidad efectiva de metal precioso que puede adquirirse con la moneda que representa, ajustándose a cualquier cambio en su respaldo material.

El costo máximo de un cambio desfavorable no puede exceder ciertos límites: primero, la diferencia entre el valor del papel moneda y el del metal precioso que originalmente representaba, y segundo, los costos de transporte asociados al traslado de metales preciosos entre países. Estas restricciones contradicen la opinión de algunos economistas que sostienen que un cambio desfavorable podría superar ampliamente estos costos reales.

Cuando los metales preciosos escasean en un país, es posible que se requiera importar mercancías desde otras naciones para obtenerlos. Este proceso puede aumentar los costos, pero, incluso en tal contexto, el papel moneda sigue siendo capaz de adquirir metal al precio prevaleciente, aunque en menor cantidad. Por ello, cualquier fluctuación en el tipo de cambio es principalmente nominal, reflejando un ajuste en la representación del valor, más que una alteración real en la capacidad adquisitiva subyacente, salvo en lo que concierne a los costos directos de transporte.

Cuando un país enfrenta la necesidad de realizar pagos significativos al extranjero, como sucede durante crisis alimentarias que requieren la importación masiva de trigo, surge la dificultad de obtener metales preciosos para equilibrar la balanza de pagos. Esta necesidad puede llevar a importar metales de otros países, lo que requiere exportar mercancías para financiarlos. En este proceso, los costos del transporte de mercancías y del metal en sí deben ser asumidos por los intermediarios, lo que incrementa los precios de las letras de cambio más allá del valor del metal y sus costos de traslado.

Si un país opera con un papel moneda que no es convertible en metal precioso, y una gran cantidad de oro ha salido de circulación, el aumento en la demanda de oro eleva su precio en términos del papel moneda. Esto significa que una mayor cantidad de papel es necesaria para adquirir la misma cantidad de oro, reflejando la pérdida de valor del papel frente al metal. Aunque algunos podrían argumentar que es el oro el que aumenta su valor, el resultado práctico es que el papel pierde credibilidad y se deprecia en comparación con el numerario respaldado por metal.

Un comerciante inglés que deba saldar una deuda en Holanda, por ejemplo, puede elegir entre enviar oro o comprar una letra de cambio. Si el costo de adquirir oro con papel moneda y transportarlo a Holanda es mayor que el costo de la letra optará por la segunda opción. Esto significa que el precio de una letra de cambio no puede superar el valor combinado del descrédito del papel moneda y los costos de transporte del oro. En otras palabras, las variaciones en el precio de la letra están limitadas por estos factores.

Algunos sostienen que, en situaciones donde los metales preciosos escasean y deben importarse a cambio de exportaciones locales, el precio del metal incluiría también los costos de transportar mercancías hacia el país exportador de metales. Sin embargo, este argumento no resiste un análisis detallado. El valor de los metales preciosos en un país donde escasean sube, mientras que el precio de las mercancías en términos de numerario baja. Esto crea un incentivo para exportar bienes cuyo precio ha disminuido, haciendo que los costos de transporte sean absorbidos por las mercancías, no por el dinero.

Así, el equilibrio se logra de manera natural: el precio más alto de los metales preciosos en un país estimula su importación, mientras que el menor precio de las mercancías fomenta su exportación. Este mecanismo asegura que los costos de transporte se distribuyan en función de las mercancías y los metales involucrados en el intercambio.

Cuando un país importa mercancías del extranjero, no es cierto que asuma por completo los costos de transporte tanto de las mercancías que recibe como de las que exporta a cambio. En toda relación comercial entre dos naciones, ambas importan bienes y no pueden asumir unilateralmente todos los gastos de transporte.

Por ejemplo, si Inglaterra compra trigo a Polonia durante un período de escasez, no cubrirá simultáneamente los costos de llevar el trigo desde Polonia y de enviar a Polonia el tema que ofrece como pago. En cambio, el precio final reflejará un equilibrio: el trigo será más caro en Inglaterra debido a los costos de transporte, y la tela será más caro en Polonia por la misma razón.

Supongamos que la moneda polaca, llamada *rix-dollar,* equivale a un cuarto de libra esterlina. Si Inglaterra compra trigo en Polonia por un millón de *rix-dollars* y Polonia compra tela en Inglaterra por 250,000 libras esterlinas, las letras emitidas por Polonia para cubrir el pago de la tela compensarán exactamente el valor del trigo. En este caso, el cambio estará equilibrado, sin que los costos de transporte alteren su paridad.

Sin embargo, si el valor de la tela exportada por Inglaterra a Polonia fuera menor que 250,000 libras esterlinas, Inglaterra tendría un déficit en la balanza comercial, y el tipo de cambio podría fluctuar a favor de Polonia. No obstante, cualquier ganancia adicional que obtuvieran las letras de cambio estaría limitada por los costos de transportar metales preciosos, ya que, de ser más caro, el comerciante inglés optaría por saldar su deuda mediante el envío directo de metales.

En períodos de escasez de oro en Inglaterra, cuando este debe importarse mediante la exportación de bienes adicionales, estos movimientos no afectan fundamentalmente el tipo de cambio. Mientras la libra esterlina mantenga su valor frente al *rix-dollar,* el tipo de cambio será de cuatro *rix-dollars* por libra más los costos de transporte del oro. Si la libra pierde valor y ya no puede adquirir la misma cantidad de metal que antes, el tipo de cambio podría deteriorarse hasta reflejar la pérdida de valor del papel moneda junto con los costos de transporte. Sin embargo, cualquier cambio adicional derivado de la depreciación del papel moneda es puramente nominal, ya que solo los costos de transporte del metal tienen un impacto real en el comercio.

Por lo tanto, los gastos asociados con el transporte de bienes entre dos países no afectan directamente la emisión o negociación de letras de cambio. El tipo de cambio desfavorable se limita a los costos de transporte del numerario y cualquier depreciación asociada con el medio de intercambio.

SECCIÓN XVI: SOBRE LOS INCENTIVOS Y LAS RESTRICCIONES

Bajo este título se incluyen todas las medidas que buscan, mediante estímulos o barreras, influir en la producción y el comercio para que sigan caminos diferentes a los que tomarían de forma natural. Los principios que rigen este tema son claros y requieren pocas palabras para explicarse.

Cuando se permite que la producción y el comercio operen sin interferencias, tienden a adoptar las direcciones más beneficiosas para la sociedad. Por ende, cualquier intervención externa que desvíe estos procesos llevará inevitablemente a un uso menos eficiente de los recursos de un país.

Esto puede explicarse fácilmente. Supongamos que un país opera de forma aislada, sin intercambios comerciales con sus vecinos, y dedica todos sus recursos a satisfacer sus propias necesidades. En tal caso, sería irracional incentivar la producción de ciertos bienes mientras se restringe la de otros, salvo que existan razones no económicas, como cuestiones morales que busquen limitar el consumo de productos dañinos. Fuera de estas excepciones, la demanda regula naturalmente la producción de la manera más eficiente para la sociedad.

Por ejemplo, los gobiernos no intervienen en actividades tan cotidianas como la fabricación de zapatos o medias, ya que el mercado produce exactamente la cantidad que se requiere de ambos. Sin embargo, si se ofreciera un incentivo para fabricar zapatos y, al mismo tiempo, se gravará la producción de medias, el resultado sería un desequilibrio: habría más zapatos disponibles a precios bajos, pero las medias serían más caras y menos accesibles. Esto demuestra que cualquier interferencia en el comercio interno que busque modificar el equilibrio entre productos resulta perjudicial para el bienestar general.

A pesar de esta lógica, históricamente muchos gobiernos han regulado la industria y el comercio exterior con el objetivo de modificar las importaciones y exportaciones, casi siempre para reducir la entrada de ciertos bienes extranjeros. Estas políticas, lejos de ser ejemplos de una gran sabiduría, frecuentemente han llevado a resultados óptimos para la economía nacional.

El comercio internacional se rige por una regla fundamental: ningún país importará un bien que pueda producir internamente a menor costo, ya que las naciones buscan maximizar su eficiencia económica. Esta lógica básica refleja el esfuerzo constante de cualquier sociedad por reducir los gastos asociados a la producción, lo que explica la búsqueda de innovaciones tecnológicas, métodos más avanzados de cultivo y el uso de maquinaria cada vez más eficiente. En términos simples, cuanto más productivos sean los recursos de una nación, mayores serán los beneficios que puede obtener, ya que con el mismo esfuerzo puede adquirir más bienes o servicios deseados.

Cuando los mercados operan sin restricciones, los comerciantes optan siempre por importar productos de donde puedan obtenerlos más baratos y exportar aquello que les resulta menos costoso producir en comparación con otros países. Este principio guía las decisiones comerciales de manera que los recursos se asignen a las actividades más ventajosas, beneficiando tanto a productores como a consumidores. Así, la producción y el comercio siguen naturalmente las rutas más eficientes, logrando que los bienes estén disponibles al menor costo posible.

Sin embargo, cuando se imponen restricciones, como aranceles o prohibiciones, se desvía este flujo natural, sacrificando las ventajas del comercio libre en favor de objetivos políticos o estratégicos. Si bien puede haber razones para restringir ciertos intercambios, como en el caso del comercio de bienes relacionados con la seguridad nacional, estas decisiones suelen basarse en temores infundados o en intereses que no benefician al conjunto de la sociedad.

Un ejemplo recurrente de este debate es el comercio de granos, particularmente el trigo. Los defensores de las restricciones argumentan que depender de importaciones puede exponer a un país a crisis de suministro si los países exportadores deciden interrumpir los envíos. Sin embargo, la historia y los principios económicos desmienten este argumento. Las naciones que dependen de múltiples proveedores externos disfrutan de precios más estables, ya que diversifican sus fuentes y se protegen de las variaciones en las cosechas locales. Además, los exportadores de trigo suelen ser tan dependientes de los compradores como estos lo son de sus proveedores, creando un equilibrio natural que minimiza los riesgos de interrupciones.

En este contexto, prohibir o restringir las importaciones de trigo no solo limita los beneficios económicos derivados de obtenerlo más barato, sino que también genera distorsiones en el mercado interno, como la acumulación excesiva de stock en los países exportadores o la ruina de agricultores locales debido a precios insosteniblemente bajos. Estas políticas, al final, sacrifican un bien tangible —la eficiencia económica— por temores hipotéticos, lo que perjudica tanto a los productores como a los consumidores.

Por otro lado, algunos defensores del monopolio argumentan que, si ciertas industrias reciben protección a través de impuestos o restricciones a la competencia extranjera, sería injusto no otorgar un trato similar a los agricultores y propietarios de tierras. Sin embargo, esta lógica no se sostiene cuando se analiza con detenimiento.

Si se acepta la idea de proteger a los productores de granos imponiendo restricciones a las importaciones, el mismo principio debería aplicarse a cualquier otra industria nacional. Esto implicaría cargar impuestos sobre todos los bienes importados que el país pueda producir, eliminando por completo el comercio internacional excepto para bienes que no se puedan fabricar localmente. Este razonamiento llevaría a un aislamiento económico que resulta claramente absurdo e impráctico.

Además, la creencia de que los industriales obtienen grandes beneficios gracias a la protección es equivocada. En realidad, los capitalistas que invierten en sectores protegidos no necesariamente obtienen mayores rendimientos que aquellos que operan en mercados abiertos a la competencia global. Lo que ocurre es que la protección redistribuye el capital, incentivando su uso en industrias privilegiadas en lugar de en aquellas más eficientes o naturales para el país. En ausencia de estas restricciones, ese mismo capital podría emplearse en la producción de bienes exportables, permitiendo adquirir los productos protegidos a menor costo en el extranjero.

Por tanto, el productor de granos no se ve perjudicado por la protección otorgada a otras industrias. La demanda de trigo, por ejemplo, no disminuye debido a los impuestos aplicados a productos importados como la lana, ni se incrementaría eliminándolos. Estas protecciones no tienen un impacto directo en la agricultura, lo que desarma cualquier argumento que pida una "indemnización" para los agricultores por falta de medidas equivalentes.

Aunque una obra como esta no pretende detallar todos los errores en los argumentos a favor de las restricciones al comercio de granos, es crucial destacar la falta de fundamento en estas posturas. Restringir el comercio con base en proteccionismos infundados no solo es económicamente ineficiente, sino que limita el bienestar general al sacrificar los beneficios que proporciona un comercio libre y competitivo.

Los propietarios de tierras suelen argumentar que su situación es equiparable a la de los fabricantes o arrendatarios, pero esta comparación no resiste un análisis lógico. Las circunstancias de cada caso no solo son diferentes, sino a menudo opuestas. Aunque intentan vincular sus intereses con los de los arrendatarios, este vínculo carece de fundamento sólido. Una revisión razonada basta para desmentir estas pretensiones.

El arrendatario, como productor, tiene derecho a recuperar sus gastos con una ganancia justa sobre el capital que invierte. Todo lo que la tierra produce más allá de este punto corresponde al propietario. Esta diferencia entre las ganancias del arrendatario y las rentas del propietario no afecta los intereses del primero, siempre que su capital sea reembolsado con beneficios razonables. Sin embargo, para los arrendatarios, los altos precios del trigo no representan una ventaja; más bien, es todo lo contrario. Mientras que un arrendatario particular podría beneficiarse temporalmente de un aumento en los precios durante el término de su contrato, esto ocurre porque, bajo esas condiciones, adopta parcialmente el rol del propietario. Cuando sube el precio del trigo, el arrendatario no solo asegura sus beneficios habituales, sino que también recibe una porción del excedente que, en otras circunstancias, pertenecería al propietario.

Así se establece una clara línea divisoria: los propietarios obtienen ganancias directas de los altos precios del trigo, mientras que los arrendatarios, en su calidad de productores, no. Más aún, los arrendatarios tienen intereses similares a los fabricantes, no a los propietarios. Ambos son capitalistas y productores, cuya participación en los beneficios termina una vez que recuperan su inversión junto con las ganancias correspondientes. Los propietarios de tierras, por otro lado, no son ni productores ni capitalistas; simplemente poseen un recurso cuya capacidad productiva les otorga derechos sobre el excedente después de cubrir los costos de producción y las ganancias de los arrendatarios.

En definitiva, el caso de los propietarios es único: se benefician directamente de la carestía del trigo porque esta reduce la proporción del producto necesaria para compensar los costos y beneficios del arrendatario, dejando un excedente mayor para ellos. Para los arrendatarios y el resto de la población, la carestía del trigo no es más que un problema, ya que disminuye los beneficios de los productores y eleva los costos para los consumidores.

SECCIÓN XVII: DE LAS COLONIAS

El sistema colonial, como herramienta para dirigir una mayor cantidad de recursos productivos hacia ciertas áreas específicas, merece una reflexión detallada, en particular sobre el comercio con las colonias. La cuestión principal es determinar si existe algún beneficio específico derivado de dicho comercio.

Se reconoce como principio general que el valor del comercio radica en lo que se recibe, no en lo que se envía. Esto es igualmente válido para las colonias como para cualquier otro país extranjero, ya que, sin un intercambio mutuo, no habría ganancia posible. Dicho intercambio puede realizarse en forma de dinero o mercancías. Sin embargo, es claro que, cuando una colonia carece de minas de metales preciosos, sus exportaciones hacia la metrópoli consistirán exclusivamente en productos de su tierra.

En el caso de un comercio libre con una colonia, este no se distingue del comercio con cualquier nación extranjera. Por tanto, no requiere un análisis aparte. Lo relevante es examinar el monopolio comercial que una metrópoli puede imponer a sus colonias. Este monopolio puede adoptar dos formas: primero, a través de una compañía con privilegios exclusivos para comerciar con la colonia, y segundo, mediante un control directo de los términos comerciales.

En el primer caso, la compañía actúa como único comprador y vendedor en la colonia. Esto permite establecer precios arbitrarios, vendiendo a los colonos productos de la metrópoli a precios elevados y comprando los suyos a precios ínfimos. En esencia, los colonos entregan una mayor cantidad de productos o recursos que los que obtendrían en un comercio libre.

Este tipo de comercio presenta dos situaciones específicas. En la primera, los colonos adquieren principalmente artículos de lujo y entretenimiento. Aquí, las ganancias que la metrópoli puede extraer tienen un límite natural: si los precios resultan demasiado altos, los colonos pueden optar por no consumir dichos bienes y dedicarse a producir alternativas localmente. En la segunda situación, cuando los bienes adquiridos incluyen productos esenciales como alimentos o materiales básicos para la industria, las restricciones comerciales pueden tener consecuencias mucho más graves, afectando directamente la calidad de vida y el desarrollo económico de la colonia.

En ambos casos, el monopolio comercial de la metrópoli puede generar beneficios inmediatos para esta, pero a largo plazo puede desincentivar la productividad y el bienestar en las colonias, limitando su crecimiento y su capacidad de generar valor en el sistema global.

Cuando la colonia depende de la metrópoli para obtener bienes de primera necesidad, la dinámica del comercio cambia drásticamente. En un sistema donde una compañía privilegiada controla el comercio, esta tiene un poder absoluto. Puede exigir que los colonos entreguen prácticamente toda su producción a cambio de los bienes esenciales para sobrevivir. Si estos bienes incluyen alimentos o recursos como hierro e instrumentos necesarios para el trabajo productivo, los colonos pueden quedar reducidos a subsistir con lo mínimo, ya que la metrópoli tiene interés en mantener la población de la colonia estable para garantizar el flujo continuo de mercancías.

Si en lugar de operar mediante una compañía privilegiada, la metrópoli permite el acceso de múltiples comerciantes, pero prohíbe a la colonia comerciar con otros países, la competencia interna reduce los precios de los bienes enviados a la colonia. Estos se venden a un costo similar al del mercado interno más los gastos de transporte. Sin embargo, la idea de que las colonias son esenciales como destino para los productos de la metrópoli es cuestionable. El capital utilizado para producir bienes destinados a las colonias encontraría otros mercados en su ausencia, ya que el consumo siempre se ajusta a la producción. Los habitantes de cualquier país tienden a consumir todo lo que reciben, ya sea de forma productiva o improductiva. Por tanto, el comercio con las colonias no aporta un beneficio intrínseco cuando existe competencia libre.

La única ventaja potencial del comercio colonial radica en el costo de los productos que la colonia envía a la metrópoli. Si, por ejemplo, las colonias producen grandes cantidades de azúcar que cubren ampliamente la demanda, la metrópoli podría beneficiarse al obtener estos productos a un precio más bajo que en el mercado internacional. Sin embargo, este beneficio solo se logra a expensas de la colonia. En un comercio libre, ambas partes obtienen ganancias mutuas, mientras que, bajo restricciones, todo lo que una parte gana, la otra lo pierde. Obligando a la colonia a vender sus productos a precios más bajos, la metrópoli impone un tributo indirecto, pero igualmente efectivo. Este sistema sacrifica el potencial de crecimiento y bienestar de la colonia para mantener un beneficio económico unilateral disfrazado de política comercial.

Si alguna ganancia puede obtenerse al restringir el comercio colonial sin recurrir a compañías privilegiadas, esto únicamente sería posible obligando a las colonias a vender exclusivamente a la metrópoli, pero permitiéndoles comprar donde prefieran. De este modo, se abrirían los puertos coloniales para adquirir mercancías al mejor precio, mientras se restringe la venta exclusivamente a la metrópoli.

Sin embargo, si los comerciantes de la metrópoli tienen libertad para exportar productos adquiridos en las colonias, los precios de estas mercancías se nivelan con los del mercado internacional debido a la competencia. En este caso, los beneficios exclusivos de la metrópoli desaparecerían rápidamente.

A menudo, los tratados comerciales buscan restringir la libertad de comercio entre países. Estos acuerdos pueden imponer restricciones tanto en las compras como en las ventas. Por ejemplo, si un país obliga a otro a comprar exclusivamente ciertos productos de él, los beneficios para el primero serían nulos, ya que la competencia entre comerciantes ajustaría los precios al nivel doméstico, sin generar una ganancia adicional significativa.

Un escenario distinto ocurre cuando un país obliga a otro a venderle ciertos productos de manera exclusiva. Esto se asemeja al monopolio colonial, donde la metrópoli aprovecha para adquirir bienes a precios más bajos que los del mercado internacional. Sin embargo, este tipo de restricciones difícilmente se aplica entre países soberanos, ya que resultan en desventajas significativas para la nación restringida.

Si un tratado limita únicamente ciertos productos, los efectos dependen del tipo de bienes involucrados. Para artículos comunes que solo reditúan el capital invertido, el tratado es innecesario, pues el país comprador habría accedido a ellos sin restricciones. No obstante, cuando los bienes incluyen un margen adicional, como rentas agrícolas o mineras, el país comprador obtiene una ventaja al estimular su comercio exclusivo, reduciendo precios y aumentando su disponibilidad a costa del vendedor restringido.

Estas complejidades resaltan cómo las restricciones comerciales, lejos de ser simples, demandan un análisis minucioso. Presentar estas políticas como un beneficio directo para la metrópoli o el país favorecido es una visión limitada, especialmente cuando se desconsideran las repercusiones económicas en el país restringido.

Imaginemos dos países, A y B. Supongamos que A está obligado, por tratado u otro acuerdo, a comprar todos sus zapatos exclusivamente de B, y a venderle todo su azúcar. Si A pudiera comerciar libremente, obtendría los zapatos de otro país a un 50 % menos de su precio actual. A primera vista, parecería que B está adquiriendo azúcar de A a un costo equivalente a un 50 % menos de trabajo que si A pudiera comprar zapatos en un mercado libre.

Sin embargo, si B paga el azúcar con zapatos, efectivamente estaría pagando un 50 % más caro en un comercio sin restricciones. Pero si B pudiera producir otro bien para intercambiar por azúcar, y ese bien tuviera un costo competitivo en el mercado internacional, no enfrentaría ninguna pérdida en condiciones de libre comercio. El esfuerzo necesario para obtener la misma cantidad de azúcar sería el mismo, solo que el producto de intercambio no serían zapatos, sino otro artículo competitivo.

Es evidente que B tendría bienes que podrían venderse a precios similares a los de otros países, porque de lo contrario no podría participar en el comercio internacional. En el caso de que el país productor de azúcar solo aceptara zapatos como medio de intercambio, B podría vender esos otros bienes competitivos a un tercer país, adquirir zapatos más económicos y luego intercambiarlos por azúcar. Por lo tanto, tanto en un comercio libre como en uno restringido, B podría obtener la misma cantidad de azúcar con un esfuerzo equivalente.

CAPÍTULO IV: EL CONSUMO

Dentro de las operaciones fundamentales de la economía política —producción, distribución, intercambio y consumo—, los tres primeros no son más que medios para alcanzar un fin. Nadie produce simplemente por el acto de producir, ni distribuye sin un propósito específico. La distribución y el intercambio son herramientas que permiten asignar y desplazar los bienes hacia quienes finalmente los usarán.

El objetivo de todo este proceso es el consumo. Todo lo que se produce está destinado a ser consumido, y las etapas previas son pasos intermedios necesarios para que los bienes lleguen a manos de quienes los necesitan o desean consumirlos.

SECCIÓN I: DEL CONSUMO PRODUCTIVO E IMPRODUCTIVO

Existen dos tipos de consumo que es crucial no confundir, ya que tienen características completamente distintas: el consumo productivo y el improductivo.

Para que exista producción, es necesario un cierto gasto. Se requiere mantener al trabajador, proporcionarle herramientas adecuadas para su labor y asegurarle las materias primas necesarias para generar el producto final. Este tipo de gasto, destinado a crear algo nuevo, se denomina consumo productivo.

El consumo productivo abarca tres categorías principales de gastos. La primera corresponde a la subsistencia del trabajador, que incluye todo lo que los salarios le permiten consumir, desde lo estrictamente necesario para sobrevivir hasta lo que pueda proporcionarle una vida más cómoda. La segunda se refiere a las herramientas utilizadas en la producción: maquinaria, edificios, e incluso animales empleados en las tareas productivas. Por último, la tercera categoría engloba las materias primas necesarias para crear el producto final, como las semillas que producen trigo, el lino y la lana que forman tejidos, o el carbón utilizado en ciertas operaciones industriales.

De estas tres categorías, solo las herramientas y los edificios pueden mantenerse sin consumirse completamente durante el proceso productivo, ya que pueden durar años. Sin embargo, los bienes necesarios para la subsistencia del trabajador y las materias primas se consumen completamente en el curso de la producción. Incluso el desgaste parcial de las herramientas o máquinas constituye una forma de consumo.

No obstante, no todo consumo tiene como propósito la producción. Hay también un consumo que no está orientado a generar algo nuevo. Los salarios pagados a un agricultor tienen como fin fomentar la producción, pero el salario de un sirviente no cumple esta función. De manera similar, el lino que un fabricante utiliza para hacer telas se consume productivamente, pero el vino que este mismo fabricante bebe en su mesa es un ejemplo de consumo improductivo.

El consumo productivo, según lo planteado, es un medio, una herramienta para alcanzar la producción. Por el contrario, el consumo improductivo no es un medio, sino un fin en sí mismo: su propósito reside en los placeres o satisfacciones que proporciona, los cuales son la motivación de las acciones previas que lo hicieron posible.

En el consumo productivo no se pierde riqueza, ya que lo destruido se sustituye por aquello que se produce gracias a su uso. Este equilibrio mantiene la riqueza tanto individual como colectiva. En cambio, el consumo improductivo implica una pérdida de riqueza. Los bienes empleados en este tipo de consumo se destruyen sin generar ningún reemplazo, quedando únicamente los beneficios inmediatos como el confort o la satisfacción que proporcionan.

Todo lo consumido productivamente tiene la característica de convertirse en capital. Esto se refleja en ejemplos concretos: un fabricante que emplea su capital en salarios, máquinas, herramientas y materias primas para producir telas invierte toda esa suma en consumo productivo. Incluso si este empresario logra ahorrar parte de sus ganancias y las reinvierte en su industria, estas se convierten en un capital adicional, cumpliendo la misma función que el inicial.

El producto total de un país generado en un año se denomina producto anual bruto. Gran parte de este se destina a reponer el capital consumido: salarios, materiales y el desgaste de maquinaria. Lo que queda tras cubrir estos gastos se llama producto líquido o neto, que se distribuye como ganancia del capital o alquileres. Este excedente es el origen de cualquier incremento en el capital nacional.

Si el producto líquido se consume enteramente en actividades improductivas, el capital nacional se mantiene constante. Si el consumo improductivo excede el producto líquido, se toma del capital, reduciendo la riqueza nacional. Por el contrario, si se consume menos de lo que se genera como producto líquido, el sobrante se destina al consumo productivo, aumentando así el capital del país.

Aunque es posible comprender con claridad las diferencias entre las dos formas de consumo —productivo e improductivo—, así como entre los tipos de trabajo asociados a cada una, no resulta sencillo definir una línea clara que los separe. Este desafío no es exclusivo de la economía;

ocurre también en muchas clasificaciones de la naturaleza, donde incluso entre los grupos más distintos existen puntos intermedios que conectan ambos extremos de manera gradual. En biología, por ejemplo, aunque los géneros suelen ser bien diferenciados, siempre se encuentran especies que parecen encajar en ambos y que dificultan su clasificación.

Del mismo modo, existen consumidores y trabajadores que parecen situarse en una zona intermedia, compartiendo características tanto del ámbito productivo como del improductivo. Sin embargo, aunque estas áreas grises puedan ser problemáticas, la necesidad de clasificar persiste. Es indispensable establecer una separación, incluso aproximada, para mantener la precisión en el lenguaje y facilitar tanto el análisis teórico como la aplicación práctica.

Lo esencial es definir con claridad las propiedades más significativas de cada clase, de modo que las distinciones principales queden bien marcadas. Una vez establecidas estas categorías generales, se puede aceptar que ciertos casos extremos, situados en la frontera de ambas clases, posean elementos de las dos y puedan considerarse excepciones o casos particulares sin comprometer la validez del esquema general.

SECCIÓN II: EL PRODUCTO ANUAL SE CONSUME ANUALMENTE

Es fácil comprender, a partir de lo ya expuesto sobre la naturaleza de la producción y el consumo, que todo lo producido en un año se consume en el transcurso del siguiente. Este consumo se divide en dos tipos: uno destinado al disfrute inmediato y otro a generar beneficios futuros. Cuando un bien se utiliza para obtener una ganancia futura, estamos hablando de consumo productivo; cuando se emplea para el disfrute directo, se trata de consumo improductivo.

En el caso del consumo productivo, los bienes destinados a esta categoría son rápidamente invertidos en salarios, maquinaria y materias primas, fundamentales para la producción. Por otro lado, los bienes destinados al consumo improductivo suelen ser usados rápidamente, ya que acumular más de lo necesario para su uso inmediato suele ser un desperdicio. Existen, sin embargo, ciertas excepciones, como algunos productos que mejoran con el tiempo, cuyo consumo puede retrasarse deliberadamente.

En economía política, el año es tomado comúnmente como la unidad de medida para analizar los ciclos de producción y consumo, aunque no todos los bienes se ajustan exactamente a este periodo. Algunos productos son creados y consumidos en menos de un año, mientras que otros tienen ciclos más largos. Sin embargo, el año resulta una referencia útil, ya que coincide con el ciclo de producción de muchos bienes agrícolas. Este marco temporal facilita la formulación de teorías generales y permite adaptarlas para analizar casos en los que los ciclos de producción y consumo son más cortos o largos que este período estándar.

SECCIÓN III: EL CONSUMO SE EXTIENDE A MEDIDA QUE CRECE LA PRODUCCIÓN

Es fácil demostrar que esta idea es una consecuencia directa de lo establecido anteriormente. Nadie produce sin un propósito claro: satisfacer sus necesidades o deseos. Si un individuo produce algo que le resulta útil, detendrá su trabajo cuando haya generado lo suficiente para cubrir sus necesidades específicas. Por ejemplo, un cazador que fabrica su arco y flechas no hará más de los que necesita. Sin embargo, si produce en exceso, solo lo hará con la intención de intercambiar ese excedente por otros bienes que desee. Esto obedece a una lógica fundamental: nadie se esfuerza en producir algo que no le reporte un beneficio directo o indirecto.

Cuando el trabajo está especializado, cada productor se enfoca en un solo tipo de bien o servicio. Solo consume una pequeña parte de lo que produce, utilizando el resto como medio de intercambio para acceder a otros bienes que desea. En este contexto, el intercambio permite a las personas obtener una variedad mayor de bienes que si intentaran producir todo por sí mismas.

Cuando alguien consume lo que produce, técnicamente no hay oferta ni demanda, ya que estos conceptos implican un intercambio entre comprador y vendedor. En un escenario de autoconsumo, no hay necesidad de intercambiar bienes. Sin embargo, si aplicamos los términos "oferta" y "demanda" de forma metafórica, queda claro que estas están perfectamente equilibradas en este caso: el productor posee justo lo que necesita y no busca más.

Si analizamos a una nación como un todo, su oferta y demanda general se equilibran: la cantidad de bienes que los ciudadanos desean y pueden adquirir es igual a la cantidad de bienes que están disponibles para intercambiar. Esto no significa que todos los bienes individuales estén en perfecta proporción. Puede haber un exceso de ciertos productos y escasez de otros, pero la relación global se mantiene.

Para que exista demanda, se necesitan dos elementos esenciales: el deseo de adquirir un bien y la posesión de algo equivalente que ofrecer a cambio. La demanda refleja tanto el deseo como los medios de adquirir algo. Sin un bien o servicio equivalente que ofrecer, el deseo no puede traducirse en compra.

En este sentido, lo que un individuo produce y no consume personalmente representa tanto su deseo de adquirir otros bienes como su capacidad para hacerlo. En términos económicos, su demanda es equivalente al valor de su producción excedente, que puede intercambiar para satisfacer otras necesidades o deseos. Así, a medida que la producción crece, también lo hace la capacidad de consumo, extendiéndose en proporción directa.

Es evidente que cada persona contribuye a la masa general de productos, conocida como la oferta, con todo aquello que produce y no consume. Sea cual sea la forma en que una parte del producto anual llega a sus manos, si no planea consumirla, buscará venderla por completo, sumándola así a la oferta general. Si decide consumir una parte, el resto también se ofrece al mercado, aumentando esta misma masa.

Dado que la demanda de una persona equivale a la porción de riqueza que desea intercambiar —es decir, aquello que no consumirá directamente—, y que este principio también aplica a la oferta, ambas se igualan necesariamente para cada individuo.

Existe, además, una relación particular entre oferta y demanda: cualquier bien ofrecido en el mercado es al mismo tiempo objeto de una demanda. De manera similar, cualquier bien que es demandado forma parte de la oferta general de productos. En un intercambio entre dos personas, ambas realizan simultáneamente una oferta y una demanda. El objeto ofrecido por una de las partes satisface la demanda de la otra, y viceversa, equilibrando la oferta y la demanda en cada transacción.

Así, si la oferta y la demanda son siempre iguales para cada persona, también lo son para el conjunto de individuos que conforman una nación. Cualquiera que sea el volumen del producto anual, nunca podrá superar el monto de la demanda total, ya que este producto se distribuye entre los individuos en forma de bienes o recursos. La demanda total se mide por las porciones que las personas no destinan a su propio consumo, pero estas porciones juntas equivalen al producto total anual. Por lo tanto, la relación entre oferta y demanda está equilibrada, y siempre existe un mercado suficiente para absorber el producto nacional.

Sin embargo, esta conclusión, por más lógica y sólida que parezca, no siempre se comprende bien. Incluso hay quienes la cuestionan abiertamente, argumentando que puede haber circunstancias en las que una nación enfrente dificultades para dar salida a todo su producto anual.

La objeción se basa en la observación de que, en ocasiones, ciertos bienes o mercancías se producen en exceso respecto a la demanda. Aunque este hecho es innegable, no contradice la proposición fundamental de que la oferta y la demanda están equilibradas en su conjunto.

Es cierto que la demanda de cada individuo que participa en el mercado es igual a su oferta, ya que desea intercambiar lo que lleva por algo que necesita. Sin embargo, puede suceder que no encuentre un comprador para el bien que ofrece, ya sea porque nadie busca ese artículo específico o porque no hay suficiente dinero, que, al fin y al cabo, es también una mercancía cuya única finalidad es adquirir otros bienes de consumo, ya sean productivos o improductivos.

Si la demanda y la oferta de cada individuo son iguales, entonces la demanda y la oferta generales también deben serlo. Supongamos que estas dos cantidades equivalentes están divididas en varias partes iguales. Por ejemplo, si hay una demanda de trigo en ciertas cantidades, la oferta de trigo será proporcional, y lo mismo ocurre con cualquier otra mercancía. En este caso, no habría exceso ni escasez de ningún artículo.

Ahora, imaginemos que esta correspondencia perfecta se altera. Por ejemplo, la demanda de trigo se mantiene estable, pero la oferta de tela aumenta significativamente. En este caso, habría un exceso de telas, porque su demanda no ha crecido al mismo ritmo. Sin embargo, este exceso se compensaría con una escasez proporcional en otros productos, ya que el aumento en la producción de tela solo podría haberse logrado desviando recursos o capital de la producción de otros bienes.

Cuando ocurre esta desproporción, los efectos son bien conocidos. El precio del bien excedente baja, mientras que el de los bienes escasos sube. Esta fluctuación en los precios redistribuye el capital: la caída del precio reduce las ganancias, alejando recursos del sector excedente, mientras que el aumento del precio en los bienes escasos atrae capital hacia su producción. Este proceso continúa hasta que las ganancias se equilibran y la oferta vuelve a corresponder con la demanda.

Cabe considerar una objeción más sólida: la posibilidad de que el producto anual crezca más rápido que el consumo porque las personas consuman solo lo esencial y ahorren el resto. Sin embargo, este escenario es improbable, ya que contradice la naturaleza humana. Aun así, al analizar sus posibles consecuencias, este ejercicio sirve para reforzar los argumentos que demuestran la igualdad entre el producto y la demanda.

En un escenario así, la parte del producto anual asignada a cada individuo, más allá de lo que pueda consumir en bienes de primera necesidad, se dedicaría enteramente a la producción. Todo el capital nacional se invertiría en generar materias primas y una cantidad limitada de bienes comunes, ya que estos serían los únicos productos demandados.

Como el excedente de lo que cada persona puede consumir se destinaría a la producción, los recursos se usarían exclusivamente para adquirir elementos que contribuyen a crear materias primas y productos básicos. Sin embargo, estos mismos bienes son precisamente las materias primas y los productos comunes. Por lo tanto, toda la demanda individual se centraría en estos elementos, y, al mismo tiempo, la oferta total también consistiría en ellos.

De este modo, la demanda total y la oferta total permanecerían necesariamente equilibradas. Esto se debe a que el excedente del producto anual, una vez deducido lo consumido, se convierte en objeto de demanda, al igual que la totalidad del producto, menos lo reservado para consumo directo, constituye la oferta.

Queda así demostrado, a través de múltiples argumentos, que la producción no puede crecer nunca a un ritmo desproporcionado respecto a la demanda. La producción es tanto la causa como la única generadora de demanda. No se crea una oferta sin que, al mismo tiempo y en igual medida, se cree también una demanda.

SECCIÓN IV: DE QUÉ MODO CONSUME EL GOBIERNO

Todo lo que se consume, ya sea de manera directa o indirecta, recae en manos de los individuos o del gobierno. Habiendo abordado previamente el consumo de los individuos nos corresponde ahora analizar el consumo vinculado al gobierno.

El consumo gubernamental, aunque esencial dentro de los límites necesarios, contribuye a la producción solo de manera indirecta. A diferencia de lo que sucede con el capital productivo, que genera un retorno en forma de bienes o servicios, lo que consume el gobierno desaparece sin crear nuevos productos. Es cierto que este consumo proporciona la protección y estabilidad necesarias para que ocurra cualquier actividad productiva; sin embargo, si todo lo producido se consumiera de la misma manera en que lo hace el gobierno, no habría crecimiento económico ni generación de riqueza. Por esta razón, los gastos del gobierno se consideran un tipo de consumo improductivo.

La renta del gobierno proviene, inevitablemente, de tres fuentes principales: las rentas del suelo o propiedad, las ganancias del capital, y los salarios del trabajo.

Es cierto que el gobierno puede recurrir al consumo de una parte del capital nacional. Sin embargo, esta estrategia solo puede sostenerse por un periodo limitado, ya que cada vez que se consume parte del capital, se reduce proporcionalmente el producto anual. Si esta práctica se prolonga, lleva al empobrecimiento de la nación. Por lo tanto, no se puede considerar esta vía como una fuente sostenible de ingresos para el gobierno.

Dado que la renta gubernamental debe extraerse de al menos una de las tres fuentes mencionadas, la cuestión clave radica en determinar cómo y en qué proporción debe hacerse.

El método directo parece la opción más evidente. Por esta razón, examinaremos primero lo más relevante en relación con el método directo para obtener la renta gubernamental de las rentas del suelo, las ganancias y los salarios. Posteriormente, consideraremos los métodos indirectos más destacados que se han utilizado históricamente para financiar al gobierno.

SECCIÓN V: DEL IMPUESTO SOBRE LAS RENTAS TERRITORIALES

Es evidente que la parte de las rentas territoriales que puede destinarse a cubrir los gastos del gobierno no afecta negativamente a la industria del país. La actividad agrícola, que depende de los capitalistas que invierten en esta actividad, se mantiene mientras estos obtengan las ganancias habituales de su capital. Para ellos, resulta indiferente pagar un excedente en forma de renta al propietario de la tierra o como tributo a un recaudador gubernamental.

En Europa hubo un tiempo en que gran parte de los gastos del soberano, especialmente los comunes, eran financiados por las tierras que este poseía como propietario. Por otro lado, las operaciones militares se costeaban a través de la contribución de los barones, quienes recibían tierras a cambio de cumplir con esta obligación. En ese entonces, prácticamente todos los gastos del gobierno, salvo excepciones menores, se financiaban con las rentas territoriales.

En las principales monarquías asiáticas, las rentas de la tierra han sido, durante siglos, la principal fuente de ingresos para el estado. Sin embargo, el mecanismo era diferente: los cultivadores poseían pequeñas parcelas de tierra con derechos perpetuos y transferibles, bajo la condición de pagar anualmente un tributo al gobierno. Este pago, que podía ajustarse a voluntad del soberano, rara vez alcanzaba el valor que en otros lugares habría constituido una renta territorial.

Si una comunidad entera emigrara a un territorio donde la tierra aún no se considerara propiedad privada, tendría sentido destinar la porción del producto anual que, en otras circunstancias, constituiría la renta territorial a sufragar los gastos del gobierno. De este modo, se protegería la industria, permitiendo que el capital generara ganancias sin restricciones, que los trabajadores recibieran sus salarios íntegros y que cada individuo utilizara su capital de la manera más productiva, sin verse afectado por la carga de los impuestos. Esto garantizaría que las necesidades del gobierno se cubrieran sin gravar directamente a los individuos.

Por lo tanto, hay una ventaja particular en reducir las rentas de la tierra, es decir, la renta territorial, a un fondo destinado exclusivamente a las necesidades del estado. Aun así, es probable que, incluso en un escenario donde la tierra no fuera propiedad privada, las rentas territoriales en un país medianamente poblado excedieran las necesidades del gobierno. Este excedente debería redistribuirse de forma que fomentara la felicidad de la población, siendo quizás la privatización de la tierra el mejor camino para lograrlo.

La conversión de la tierra en propiedad privada, gravando sus rentas con una parte o incluso con todas las cargas públicas, no parece presentar grandes obstáculos. Este enfoque requeriría ajustar el tamaño de las propiedades para igualar su valor actual. A través de la práctica, sería posible determinar con precisión dicho valor, y la sociedad continuaría funcionando sin interrupciones ni mayores dificultades.

Cuando la tierra se ha convertido en propiedad privada, libre de cargas públicas específicas sobre su renta, y ha sido adquirida bajo esas condiciones, alterar esta situación sería injusto. Los cálculos y expectativas de los propietarios se basan en este marco, y gravar exclusivamente la renta territorial para cubrir las necesidades del gobierno implicaría una carga parcial y desigual, contraria a los principios de equidad. Cualquier gobierno que aspire a actuar con justicia no debería imponer tal medida.

La renta territorial actual, sobre la que se compran y venden propiedades y se fundamentan los planes individuales, debería estar exenta de contribuciones adicionales. Si, en cambio, el gobierno lograra duplicar el producto neto de las tierras por algún medio —ya sea por mandato o por una circunstancia extraordinaria— no habría motivo para que el Estado no aprovechara esta nueva riqueza en beneficio de todos. En este caso, se podría destinar una parte de este aumento a cubrir los gastos públicos, liberando a los ciudadanos de otras cargas fiscales.

Es más, el gobierno tiene medios para aumentar el producto neto de la tierra, no de forma instantánea, sino gradualmente, por ejemplo, fomentando el crecimiento poblacional o incentivando el uso más eficiente de los recursos agrícolas. Este incremento paulatino en la renta territorial no difiere en esencia de uno generado de forma repentina, por lo que su aplicación al financiamiento estatal es igualmente válida.

A medida que la población crece y se intensifica el uso del suelo, la proporción del producto neto atribuible a la renta territorial aumenta, mientras que los beneficios derivados del capital disminuyen. Este continuo crecimiento de la renta territorial, impulsado por factores sociales y no directamente por el esfuerzo de los propietarios, parece un recurso natural para cubrir las necesidades públicas.

Por tanto, cuando la renta original del propietario territorial, aquella sobre la que sustenta sus proyectos personales y familiares, se mantiene exenta de impuestos, no debería haber oposición a que el excedente, fruto de las circunstancias sociales, se destine al servicio del Estado. Ya sea que este nuevo ingreso provenga de la tierra o de cualquier otra fuente, su propósito debería ser el bien común.

SECCIÓN VI: DEL IMPUESTO SOBRE LAS GANANCIAS DE CAPITAL

El impuesto sobre directo sobre las ganancias del capital es un tema que no presenta grandes complicaciones en su análisis. Este tipo de impuesto recaería exclusivamente sobre los capitalistas y no afectaría de manera directa a otras partes de la sociedad.

Dado que el impuesto impactaría de manera uniforme a todos los capitalistas, no habría incentivos para que alguien trasladara su capital de una actividad productiva a otra. Si un individuo paga una proporción de sus ganancias obtenidas en su sector de inversión actual, pagaría exactamente lo mismo si decidiera invertir en otro sector. Por lo tanto, no se generarían cambios significativos en la distribución del capital entre diferentes industrias.

Las mercancías seguirían produciéndose en las mismas cantidades y tipos, siempre que la demanda específica de cada bien permaneciera constante. El capital se emplearía de la misma forma en la producción, y aunque el capitalista vería reducido su poder adquisitivo por el monto del impuesto, el gobierno ganaría la misma capacidad de gasto que el capitalista pierde.

En consecuencia, la demanda y la oferta se mantendrían en equilibrio, la cantidad de dinero en circulación no variaría, y los valores de los bienes y servicios permanecerían inalterados. Este equilibrio asegura que un impuesto sobre las ganancias no afecte el funcionamiento general del mercado, preservando su estabilidad y dinámica habitual.

SECCIÓN VIII: DEL IMPUESTO SOBRE LOS SALARIOS O JORNALES

El impacto de un impuesto directo sobre los salarios plantea un análisis más complejo que el de las ganancias del capital. Si los salarios suben para compensar el impuesto, este no recaería sobre el trabajador. Sin embargo, si los salarios permanecieran constantes o subieran solo parcialmente, el peso del impuesto afectaría al trabajador en mayor o menor medida.

En un escenario donde los salarios no aumenten, cada capitalista podría continuar empleando el mismo número de trabajadores. La estabilidad de los salarios y la constancia del capital disponible para los empleadores garantizarían que la cantidad de trabajo realizado no se vea afectada.

Ahora bien, si en estas condiciones surgiera repentinamente un nuevo fondo destinado a generar empleo, sin que el número de trabajadores aumente, los salarios tenderían a subir. La razón es que una mayor demanda de trabajo, sin un incremento proporcional en la oferta de trabajadores, llevaría a una competencia entre los empleadores, elevando el precio del trabajo.

En este caso, el fondo nuevo sería el dinero recaudado por el gobierno a través de la contribución sobre los salarios. Este fondo, al ser destinado nuevamente al mercado laboral (por medio de proyectos o compras de bienes producidos con trabajo), actuaría como un estímulo que elevaría los jornales. De esta manera, el aumento en los salarios compensaría exactamente el monto del impuesto, haciendo que este no recaiga sobre los trabajadores.

Si los trabajadores no soportan el peso de este impuesto, la pregunta obvia es: ¿sobre quién recae? La respuesta radica en que, cuando los salarios suben, las ganancias de los capitalistas disminuyen en proporción equivalente. Dado que trabajadores y capitalistas comparten los frutos del trabajo y el capital, cualquier aumento en la parte de uno implica una reducción en la parte del otro. Por lo tanto, una contribución sobre los salarios termina siendo, en efecto, un impuesto sobre las ganancias del capital.

Sin embargo, existen excepciones. Si el gobierno utiliza los fondos recaudados no en el país, sino como un tributo o gasto en el extranjero, los salarios no subirían. En este caso, el fondo no volvería al circuito económico nacional como estímulo al trabajo, y el impacto de la contribución recaería directamente sobre los trabajadores.

Existen ciertos impuestos directos diseñadas para afectar por igual a todas las fuentes de ingresos, como los impuestos proporcionales, los peajes y los impuestos sobre las rentas. De acuerdo con lo expuesto hasta aquí, no es difícil identificar sobre quién recae el peso de estos impuestos en cada caso. Cuando las paga alguien cuya renta proviene de la renta territorial o de las ganancias del capital, el impacto recaerá directamente sobre esos grupos; por lo tanto, como consecuencia del impuestos, ni los propietarios pueden aumentar el alquiler de la tierra, ni los capitalistas pueden incrementar el precio de sus mercancías, ya que no hay un aumento en la demanda como resultado directo de este impuesto.

Sin embargo, si el trabajador paga una parte de este impuesto, la situación cambia. Si no se aumentan los salarios, la demanda de trabajo aumentará, ya que todos los fondos de los capitalistas se destinarían a proporcionar trabajo de la misma manera que antes. Lo que los trabajadores pagan como impuesto se convierte en un nuevo fondo en manos del gobierno.

El impacto de estos impuestos sobre los precios es fácil de comprender. Un impuesto sobre la renta territorial no alteraría el precio de ningún bien, ya que esta renta es consecuencia de los precios de los productos, y un cambio en el impuesto no puede afectar la causa. De manera similar, un impuesto sobre las ganancias del capital no altera los precios. Pero un impuesto sobre los salarios tiene dos posibles efectos: uno en el que los salarios aumentan y otro en el que no lo hacen. En el segundo caso, no se espera que esto provoque un aumento de precios, ya que se supone que no ha habido alteraciones en el capital nacional ni en el producto anual.

Si los trabajadores pierden parte de sus medios de compra debido al impuesto, esa parte se transfiere al gobierno. Se supone que el gobierno podría enviar esa contribución al extranjero; si lo hiciera en mercancías, no habría una disminución de precios. Pero si la enviara en metales preciosos, el efecto sería similar a exportar mercancías para adquirir el metal faltante. Si la exportación de metales preciosos reduce la cantidad de moneda en circulación, esto provocaría una baja temporal en los precios. Sin embargo, este impacto sería el mismo en cualquier otra circunstancia en que se redujera la cantidad de dinero en circulación.

Si los salarios aumentan, también se observa que el capital, el producto anual, la suma de la demanda y de la oferta, y el valor de la moneda se mantienen igual que antes. Por lo tanto, la masa de precios, al compensarse mutuamente, permanece constante. Sin embargo, el cambio ocurre en el valor relativo de diferentes tipos de mercancías. Cuando los salarios aumentan y los productos del capital disminuyen, esto necesariamente se refleja en los precios. Los productos cuyo proceso de producción depende en gran medida de capital fijo y que no requieren grandes salarios, tienden a bajar de precio. En contraste, aquellos productos cuyo proceso depende principalmente del trabajo y requiere poco o ningún capital fijo, aumentan de precio.

Este ajuste es equilibrado: cuando uno de estos productos baja de precio, el otro sube proporcionalmente, lo que hace que el precio global promedio entre ambos se mantenga constante.

SECCIÓN VII: DE LOS IMPUESTOS SOBRE LAS MERCADERÍAS, SEAN SOBRE ALGUNAS EN PARTICULAR, SEAN SOBRE TODAS EN GENERAL

Los impuestos sobre las mercaderías pueden aplicarse de manera selectiva, a ciertas mercancías en particular, o de forma general a todas las mercancías.

Cuando el impuesto se aplica a una mercancía específica, sin afectar a las demás, el precio de la mercancía gravada aumenta, es decir, su valor intercambiable sube. El comerciante o fabricante que paga el impuesto recupera ese costo adicional al subir el precio de la mercancía, de lo contrario, si no lo hiciera, no estaría al nivel de otros productores, y su negocio o fabricación podría cesar. Dado que el impuesto se suma al precio de la mercancía, recae completamente sobre el consumidor final.

Cuando el impuesto se aplica de manera proporcional al valor de todas las mercancías en general, se da una diferencia: el valor intercambiable de ninguna de las mercancías aumenta en relación con otras. Por ejemplo, si una yarda de tela tiene el mismo valor que cuatro yardas de lienzo, y se aplica un impuesto del diez por ciento sobre el valor de cada una de estas mercancías, el valor relativo entre ambas no cambiará. La yarda de tela seguirá siendo igual a cuatro yardas de lienzo.

El efecto de un impuesto proporcional sobre todas las mercancías es un aumento general en los precios. Cada productor o comerciante sigue vendiendo con la misma cantidad de dinero que antes. Un diez por ciento de esa moneda se destina al gobierno, que luego la invierte en compras, ya sea directamente o a través de los distribuidores. Esta porción de dinero vuelve a manos de los productores, de manera que no solo seguirían recibiendo lo mismo por sus productos, sino que también recibirían una décima parte extra de la moneda del país, lo que equivale a un aumento en la cantidad de dinero en circulación.

Como resultado, la capacidad de compra se reduce en una décima parte, lo que significa que el precio de las mercancías ha aumentado en esa misma proporción. De esta forma, la contribución recae principalmente sobre los compradores, quienes seguirían acudiendo al mercado con la misma cantidad de dinero, pero con menos capacidad para adquirir productos, comprando solo el 90% de lo que antes podrían haber adquirido.

SECCIÓN IX: DE UN IMPUESTO SOBRE LOS PRODUCTOS DE LA TIERRA

Un impuesto sobre los productos de la tierra, como el trigo, provocaría un aumento en su precio, al igual que cualquier otro bien o mercancía. Por lo tanto, este impuesto no recaería ni sobre el propietario de la tierra ni sobre el arrendatario, sino sobre el consumidor final. El arrendatario, al igual que cualquier otro productor o capitalista, ve cómo el impuesto sobre los productos que produce se transfiere al consumidor.

El propietario de la tierra también queda exento de los efectos directos de este impuesto. Hemos visto que una parte del capital invertido en la producción agrícola solo genera las ganancias habituales del capital. El precio del producto debe ser suficiente para garantizar esas ganancias, ya que, de no ser así, el capital se retiraría. Si se impone un impuesto sobre el producto de la tierra y el cultivador debe pagarlo, el precio del producto subirá lo necesario para cubrir ese impuesto. Si el impuesto es del 10% o de cualquier otra proporción sobre el precio de venta, el precio del trigo debe aumentar en esa misma proporción.

En este escenario, es claro que el propietario no lleva la carga del impuesto. Lo mismo ocurriría si una parte del producto se pagara en especie. Aunque el propietario recibiría una menor cantidad en términos físicos, el valor de lo que recibe sería mayor, compensando la pérdida en cantidad con un aumento en el valor. Así, su renta, aunque distinta en la cantidad de productos, seguiría siendo la misma en términos de valor.

Si, en lugar de un impuesto en dinero, el impuesto fuera un derecho fijo por cantidad de producto recolectado, la renta del propietario se mantendría constante en términos monetarios. Supongamos que la tierra que no paga renta produce dos cuarteras de trigo, mientras que la que sí paga renta produce seis. En este caso, el propietario recibiría cuatro cuarteras. Si el impuesto fuera de una libra esterlina por cuartera, el precio del trigo aumentaría en una libra esterlina por cada cuartera. El arrendatario, antes de que se impusiera el impuesto, pagaba al propietario por el valor de las cuatro cuarteras; con el impuesto, pagaría lo mismo, pero deduciendo el impuesto que ya ha pagado. De modo que, aunque el precio del trigo suba, el arrendatario pagaría la misma cantidad al propietario, ya que el aumento en el precio compensa el valor del impuesto.

SECCIÓN X: DE LOS DIEZMOS Y LA CONTRIBUCIÓN PARA LOS POBRES

Los diezmos son un impuesto sobre los productos de la tierra, que consiste en tomar la décima parte de dicho producto, ya sea de manera exacta o inexacta. Como ya se explicó en la sección anterior, el efecto de este impuesto es aumentar el precio de los productos, lo que recae completamente sobre el consumidor final.

Si el impuesto destinado a los pobres se impusiera en proporción a las ganancias de los arrendatarios, fabricantes y comerciantes, entonces sería un impuesto sobre las ganancias. Si se aplicara en proporción a las rentas provenientes de la tierra, recaería sobre las rentas territoriales. Si se estableciera sobre el alquiler de viviendas, afectaría directamente a los inquilinos, siendo igualmente un impuesto sobre las rentas. Dependiendo de cómo se imponga el impuesto para los pobres, se extraerá una parte de estos distintos recursos. Si este impuesto afecta desproporcionadamente a las ganancias de una clase particular de capitalistas, dicha clase recibiría una compensación.

Si se supone, como es común, que los arrendatarios pagan más para el sustento de los pobres que otros productores, en realidad se está imponiendo un impuesto adicional y exclusivo sobre los arrendatarios. Sin embargo, como ya hemos visto, cuando se impone un impuesto sobre los arrendatarios, el efecto inmediato es que el precio del grano aumente lo suficiente como para compensarlos por el impuesto que están pagando.

Un impuesto sobre los medios de producción es equivalente a un impuesto sobre los productos. Por ejemplo, un impuesto sobre los animales de labranza aumentaría los costos de producción del arrendatario, al igual que otro impuesto sobre las materias primas aumentaría los costos de producción del fabricante. Estos impuestos, en última instancia, incrementarían el precio de los productos, lo que haría que el impacto recayera sobre el consumidor.

Un aspecto importante de los impuestos sobre el trigo es su efecto sobre los trabajadores. Los trabajadores necesitan una cantidad específica de trigo para subsistir, y para que puedan adquirirla, sus salarios deben aumentar lo suficiente para cubrir el aumento de precio. De este modo, los salarios deben subir a medida que sube el precio del trigo. Pero, como ya hemos señalado, cuando los salarios suben, las ganancias disminuyen. Así, un impuesto sobre el trigo afectará a todos los consumidores en general, pero gravitará sobre los capitalistas de dos maneras: como un impuesto sobre los consumidores en general y como un impuesto sobre sus ganancias individuales.

SECCIÓN XI: DE UNA CONTRIBUCIÓN POR UNIDAD DE TIERRA

Ya hemos examinado cómo funciona un impuesto sobre la tierra, ya sea de manera proporcional a la renta territorial o con relación al producto. En el primer caso, recaería sobre el propietario de la tierra; y en el segundo, sobre el consumidor. También es posible imponer un impuesto sobre la tierra, calculado por unidad de medida (como el hectárea o equivalente), pero el efecto de este impuesto varía considerablemente dependiendo de si se aplica solo a los terrenos cultivados o a todos los terrenos, tanto cultivados como no cultivados.

Si se impone un impuesto indistintamente sobre los terrenos cultivados y no cultivados, no se incrementará el precio de los productos, y el impuesto recaerá completamente sobre el propietario de la tierra. Por otro lado, si el impuesto se aplica solo a los terrenos cultivados, aumentará el precio de los productos, gravitando sobre los consumidores y aumentando las rentas de los propietarios territoriales.

Es importante recordar que hay una parte del capital destinado al cultivo de la tierra que solo genera las ganancias estándar de cualquier inversión, sin producir renta territorial adicional. Si se agrega algún costo a los gastos de producción, el precio de los productos debe subir lo suficiente para cubrir este gasto adicional. Si no se agregan nuevos costos, los precios no cambiarán.

Cuando se impone un impuesto por unidad de medida sobre todos los terrenos, tanto cultivados como no cultivados, no se suman nuevos costos de producción. Existen dos casos en los que se aplica capital a la tierra sin generar más que las ganancias comunes del capital: uno ocurre cuando se aplican nuevas porciones de capital a tierras que ya están cultivadas, con rendimientos decrecientes; el otro sucede cuando, después de agotar tierras más fértiles, el cultivo se desplaza a tierras de menor calidad.

En el primer caso, el impuesto por unidad de medida no incrementa los costos de producción en las nuevas partes del capital, ya que el impuesto ya se ha cubierto con la primera parte. De modo que el arrendatario estará interesado en aplicar capital adicional tan pronto como el precio de los productos haya subido lo suficiente como para cubrir sus gastos de capital, sin que el impuesto implique un costo adicional. La conclusión es similar cuando el capital se aplica a tierras de menor calidad. En este caso, si el impuesto se ha pagado previamente, el propietario tiene interés en cultivar esta nueva tierra en cuanto el precio del producto sea suficiente para generar las ganancias correspondientes al capital invertido.

Sin embargo, la situación cambia cuando el impuesto solo se impone sobre los terrenos cultivados. Cuando el capital de las tierras más fértiles se desplaza a tierras menos fértiles que aún no han sido cultivadas, comienza a aplicarse el impuesto. Los productos que se recojan de estas tierras deben generar suficientes ingresos no solo para cubrir las ganancias comunes del capital, sino también para pagar el impuesto. De este modo, el precio de los productos debe subir lo suficiente para cubrir ambas cantidades.

La consecuencia para el propietario es beneficiosa. Supongamos que la tierra de tercer grado de fertilidad es la última en ser cultivada, y que esta tierra produce dos unidades de trigo por hectárea, mientras que una tierra de mayor fertilidad produce cuatro unidades y la más fértil produce seis unidades. En este caso, es evidente que dos unidades por hectárea generan suficientes ingresos para cubrir el impuesto y reembolsar al arrendatario por su capital con ganancias. El propietario puede obtener dos unidades por hectárea de la tierra de segunda calidad y cuatro de la tierra de primera calidad. En ambos casos, el propietario obtiene la misma cantidad de productos, pero cuando se impone el impuesto, los precios suben, lo que incrementa el valor de cada unidad de trigo

Un impuesto de este tipo, por tanto, retiraría una parte de lo que los consumidores pagan por unidad de medida para el gobierno, pero también reduciría significativamente las ganancias de los propietarios.

SECCIÓN XII: DE LOS IMPUESTOS SOBRE LAS TRANSFERENCIAS DE PROPIEDAD

Los impuestos sobre las transferencias de propiedad son de diversas clases, tales como los derechos de sellos aplicados a las compras y ventas, los derechos sobre legados, los impuestos relacionados con los actos necesarios para la transmisión de propiedades, y otros de naturaleza similar.

Cuando se trata de propiedades que son el resultado del trabajo y el capital, el impuesto sobre las compras y ventas recae principalmente sobre el comprador. Esto se debe a que los costos de producción, que incluyen las ganancias del capital, deben recuperarse al mismo tiempo que el impuesto.

Por otro lado, cuando el impuesto se aplica a la transferencia de una propiedad territorial, que es una fuente de producción y no el producto directo del trabajo y del capital, el impuesto recae sobre el vendedor. El comprador, en este caso, evalúa qué ganancia puede obtener de su capital si lo invierte en otra cosa; si la tierra no ofrece un retorno adecuado, el comprador no querrá intercambiar su capital por ella.

En el caso de los derechos sobre legados o donaciones, el impuesto se aplica evidentemente a quienes reciben la propiedad o el dinero.

SECCIÓN XIII: DE LOS GASTOS JUDICIALES

Los impuestos relacionados con los trámites judiciales se imponen principalmente en forma de gastos de sello sobre los diversos actos legales involucrados en los procedimientos judiciales, así como en forma de resarcimientos por los diferentes incidentes que surjan durante estos procesos.

Es claro que estos gastos recaen sobre las partes involucradas en el litigio. Además, constituyen un impuesto sobre el derecho de acceso a la justicia. Este acceso se da en dos situaciones: una, cuando se disputa a quién le pertenece cierto derecho; y otra, cuando se ha violado el derecho de una persona y se solicita una reparación.

No es apropiado imponer un impuesto a alguien simplemente porque su derecho esté en disputa. Sin embargo, es aún más injusto imponer un impuesto a alguien que ya ha sufrido una injusticia.

Es evidente que estos impuestos son un obstáculo para obtener una reparación, y cualquier barrera que impida dicha reparación favorece la injusticia. Por lo tanto, imponer un impuesto sobre el acceso a la justicia puede verse como una forma de premiar la injusticia.

SECCIÓN XIV: DE LOS IMPUESTOS SOBRE LA MONEDA Y LOS METALES PRECIOSOS

Imponer un impuesto sobre la moneda no es fácil, ya que solo puede aplicarse en el momento de su fabricación o cuando se realiza la primera compra de metales preciosos. Sin embargo, este impuesto puede aplicarse sobre los metales, ya sea en su importación desde otros países o cuando se extraen de las minas locales, si es que existen.

El impuesto sobre la fabricación de la moneda es similar al "señoreaje", que consiste en pagar algo más que el valor del metal con el que se acuña la moneda. Este tipo de impuesto tiene efectos claros cuando solo circula moneda metálica. Nadie llevaría metales a acuñar, a menos que el valor del metal en la moneda sea superior al valor del metal en su forma original, por lo menos en la cantidad del impuesto. En este caso, el precio del metal aumenta, lo que hace que el metal en forma de moneda suba de valor en la misma proporción que el impuesto.

Un aspecto particular de este tipo de impuesto es que no recae sobre nadie de manera directa. No afecta al que lleva el metal a acuñar, ya que no lo hace a menos que reciba a cambio una cantidad de monedas que cubra tanto el valor del metal como el impuesto. Tampoco afecta a quienes reciben las monedas como medio de cambio, ya que el valor de las monedas es el mismo que si contuvieran solo el metal con el que se acuñaron.

Por lo tanto, este tipo de impuesto puede continuar siempre y cuando no se exceda de un límite específico. Este límite es alcanzado cuando el impuesto ha reducido tanto el valor de la moneda que fomenta la fabricación clandestina. Si el impuesto es suficientemente alto como para cubrir los costos y riesgos de los productores clandestinos de moneda, la fabricación no autorizada se convertirá en una realidad.

En los países donde circula tanto moneda metálica como papel moneda, el papel puede mitigar los efectos del señoreaje. Es beneficioso para los emisores de papel moneda mantener la mayor cantidad posible en circulación. Pueden incluso aumentar la cantidad emitida hasta que los poseedores de billetes encuentren más ventajoso cambiarlos por monedas. Sin embargo, si se emite una cantidad excesiva de papel moneda, el valor del metal contenido en las monedas puede llegar a ser más alto en forma de barras que como moneda.

La fundición de monedas para aprovechar esta diferencia en valor es la principal restricción a la emisión excesiva de papel moneda, que debe ser reembolsado en moneda metálica cuando los portadores así lo deseen. Si el banco emisor no limita la cantidad de papel moneda en circulación, su valor caerá, y la moneda metálica perderá su valor original. Supongamos que una onza de oro acuñada tiene un valor nominal de tres libras esterlinas, de las cuales se debe descontar un impuesto del cinco por ciento, y que el banco está obligado a pagar, a solicitud de los portadores de los billetes, no solo tres libras esterlinas en moneda, sino también una onza de oro en barras si así lo prefieren.

En este caso, es evidente que el banco tiene interés en evitar que el valor de la moneda disminuya. Si el valor de la moneda es lo suficientemente alto como para que tres libras esterlinas, ya sea en moneda metálica o no metálica, equivalgan al valor de una onza de oro, el banco no pierde al cumplir con su obligación de entregar esa onza de oro. Pero si el valor de la moneda cae por debajo de ese umbral, el banco sufre una pérdida. Así, este mecanismo puede hacer que se frene rápidamente la emisión excesiva de papel moneda.

Si se impusiera un impuesto sobre los metales preciosos en el momento de su importación o extracción, este gravaría a los consumidores que usan estos metales para fabricar objetos de lujo o decorativos, pero no afectaría a quienes emplean esos metales para acuñar moneda. Este impuesto incrementaría el valor intercambiable del metal. Sin embargo, aunque un metal precioso en pequeña cantidad sea tan útil como un metal menos valioso en mayor cantidad, la alta facilidad de transporte y almacenamiento de metales preciosos podría fomentar el contrabando, incluso si el impuesto fuera bajo.

Aunque un impuesto sobre los metales preciosos ya sea en la importación o extracción, recaería eventualmente sobre los consumidores, no tendría un impacto inmediato. Lo que permite que los productores transfieran el peso del impuesto al consumidor es su capacidad para aumentar los precios mediante la reducción de la oferta. En la mayoría de los productos, la cantidad disponible se consume rápidamente, por lo que cualquier escasez, parcial o total, podría hacer que los precios suban considerablemente. Sin embargo, esto no ocurre con los metales preciosos, ya que, si la oferta anual faltara por completo, no habría una disminución inmediata en la cantidad utilizada, lo que no afectaría de forma significativa a los precios a corto plazo. Durante este tiempo, los vendedores no podrían compensar el impuesto, que recae mayormente sobre ellos. Este fenómeno también se aplica a otras mercancías, como las viviendas, cuyo suministro anual representa una porción considerable del total disponible.

SECCIÓN XV: DE LOS EFECTOS DEL IMPUESTO SOBRE EL VALOR DE LA MONEDA Y EL USO DEL CAPITAL

El capital se invierte de la manera más beneficiosa cuando no se distrae de su aplicación original por medio de un impuesto o intervención, y cuando sigue la dirección que los poseedores del capital habrían dado libremente, basada en sus propios intereses.

Supongamos que en Inglaterra el precio de la tela es de cien reales por yarda, y que el lienzo tejido en Inglaterra tiene un valor de quince reales. En Alemania, en cambio, el lienzo cuesta diez reales, y la tela producida allí tiene un precio de ciento veinte reales por yarda. En este escenario, es evidente que Inglaterra tendría interés en usar su trabajo para fabricar telas que exportaría a Alemania, en lugar de producir lienzo para su propio consumo. Alemania, por su parte, tendría interés en producir lienzo para exportar a Inglaterra, en vez de fabricar telas para su propio uso.

En Inglaterra, la misma cantidad de trabajo que produce una yarda de tela, solo produciría siete yardas de lienzo, mientras que en Alemania una yarda de telas equivaldría a doce yardas de lienzo. Por lo tanto, Inglaterra, exportando su paño a cambio de lienzo, ganaría la diferencia entre las siete yardas de lienzo y las doce que recibiría de Alemania.

Ahora, supongamos que Inglaterra impone un impuesto sobre la tela, elevando su precio a ciento veinte reales. ¿Qué consecuencias tendría esto?

En primer lugar, es claro que Inglaterra dejaría de exportar tela a Alemania, a pesar de que el precio del lienzo en Inglaterra seguiría siendo relativamente bajo. El dinero, al ser menos común en Inglaterra debido a la mayor demanda de moneda metálica, se volvería más escaso y los precios caerían. En cambio, en Alemania, el dinero se volvería más común, y los precios aumentarían. Esto haría que el lienzo fuera demasiado caro para ser importado a Inglaterra, a menos que, como resultado del aumento en el valor de la moneda, otro producto bajara lo suficiente de precio como para que fuera viable exportarlo en lugar del lienzo.

De esta forma, el impuesto sobre la tela tendría efectos negativos para Inglaterra. No solo perdería la ventaja de obtener lienzo barato de Alemania, sino que también se vería obligada a producirlo internamente a un precio más alto. Además, en el segundo caso, tendría que exportar otros productos que, por suponerlo, produciría con mayores costos que el lienzo.

El efecto de un impuesto sobre los precios sería aumentar el valor monetario de la tela, aunque en menor medida que el monto del impuesto. Además, provocaría una disminución en el valor de otras mercancías debido a la salida de dinero del país, lo que aumentaría su valor relativo. Sin embargo, este incremento en el precio de la tela no sería proporcional al total del impuesto porque la reducción del dinero en circulación influiría también en los precios generales.

Si al imponer un impuesto sobre la tela se estableciera simultáneamente una reducción equivalente en los derechos de exportación, el comercio con Alemania no se vería afectado. La tela inglesa seguiría exportándose, mientras que el lino alemán continuaría siendo importado en las mismas condiciones. En este caso, el pueblo inglés soportaría todo el peso del impuesto sin experimentar otros efectos negativos adicionales. No habría salida de metales preciosos, y aunque el precio de la tela subiría en Inglaterra, los precios del resto de las mercancías se mantendrían estables.

Aunque no se aplicara la compensación mencionada, los impuestos no necesariamente reducen el comercio exterior. Incluso si un país como Inglaterra enfrentara dificultades para exportar su tela debido al impuesto, la reducción en el dinero circulante podría equilibrar el comercio exterior permitiendo la exportación de otros bienes. No obstante, si no se implementan mecanismos como la devolución de impuestos sobre exportaciones (conocidos como draw-backs en inglés), el país no exportará con la misma eficiencia.

El impuesto puede elevar el valor monetario de las mercancías en dos casos: cuando se aplica a un producto específico, como la tela en el ejemplo anterior, o cuando todas las mercancías están sujetas a un impuesto proporcional al valor. En ninguno de estos casos el aumento en los precios de las mercancías, o la consecuente disminución del valor relativo de la moneda, genera una salida significativa de dinero del país.

En el caso de la tela, el aumento de precio por efecto del impuesto no redujo el valor de la moneda en general, sino solo en relación con la tela misma. Como resultado, no habría incentivos para que la moneda saliera del país para comprar tela en el extranjero, ya que esta estaría sujeta al mismo impuesto al importarse. De manera similar, un impuesto proporcional al valor, aunque aumente los precios y reduzca el valor relativo de la moneda, no fomenta la salida de dinero al extranjero. Por ejemplo, si el impuesto fuera del 10%, y la moneda perdiera ese mismo valor en relación con las monedas extranjeras, el comerciante no tendría beneficios al importar bienes con un 10% adicional de costos por el impuesto.

CONTENIDO

INTRODUCCIÓN: EXPOSICIÓN, EXTENSIÓN Y DIVISIÓN DE LA MATERIA. V

CAPÍTULO I: DE LA PRODUCCIÓN 7

CAPITULO II: DE LA DISTRIBUCIÓN 9

CAPÍTULO III: DEL INTERCAMBIO 31

CAPÍTULO IV: EL CONSUMO 71